KB139378

애프터 코로나
투자의 미래

팬데믹이 끝나면
최고의 투자 기회가 온다

애프터 코로나 투자의 미래

유재훈, 정유신, 변웅재, 조용준, 김경환, 이벌찬, 임병익,
고영화, 유호림, 조창완, 조평규, 조아요, 한송이, 최헌규

한스미디어

전문가들의 눈으로 미리 보는
코로나 이후의 시대

중국 자본 시장은 세계적인 코로나바이러스감염증-19COVID-19, 코로나19 확산에 따른 전대미문의 경제 금융위기가 도래하기 전부터 경제 성장의 둔화와 신용 시장 경색에 따른 시장 유동성의 위기를 겪고 있었다. 이는 과다한 부채를 짊어지고 있던 일부 상장기업에서 나타난 현상이었다 하더라도 정부 소유 공기업에 편중된 중국 특유의 신용 시장의 문제점과 중국 특유의 주식 제도와 개발도상국 성격의 주식 유통 시장의 낙후성에 기인한 것이라 할 수 있다.

2020년 들어 중국이 겪어야 했던 코로나19와 이후 진행되고 있는 글로벌 팬데믹Pandemic: 전 세계 대유행은 중국 자본 시장에서 설상가상의 도전과 새로운 도약의 가능성을 던져주고 있다. 그리고 코로나19 이후의 세상에서는 그 이전에 세계인들이 누려왔던 글로벌리즘은 그 종식을 예고하고 있다.

후퇴된 글로벌리즘 또는 자국우선주의가 대폭 강화된 세상에서 글로벌 무역 질서와 금융 시장은 크게 달라질 것이다. 그 결과 현재의 글로벌 밸류체인GVC: Global Value Chain도 달라질 것이다. 현재까지 GVC(글로벌 생산 분업 체제)의 핵심 역할을 하고 있는 중국 기업들이 생산과 수익 구조, 중국 금융회사의 국제 금융 시장에서의 자금 조달과 투자는 더 큰 시련을 겪을 수도 있을 것이다.

반대로 코로나19 팬데믹으로 미국과 유럽의 경제가 붕괴돼서 중국의 경제체제가 지구상에서 가장 큰 우위에 서는 시나리오를 생각할 수 있다. 속도의 차이는 있더라도 서구 경제가 다시 코로나19 이전의 상태로 복귀하고 수정은 불가피하더라도 GVC가 유지되면서 중국의 내수 회복이 힘을 보태는 시나리오도 상정할 수 있다. 이런 시나리오에 맞춰 본다면 중국 기업과 자금 조달 시장인 중국 자본 시장의 모습도 크게 달라질 것이다.

코로나19 이후의 광범위하게 벌어질 비대면 경제는 ABCDI(AI, 빅데이터Bigdata, 클라우드Cloud, 분산원장Distributed Ledger Technology, IoT)로 대표되는 4차 산업혁명의 급속한 진전을 촉진하게 될 것이다. 4차 산업혁명 기술 분야에 막대한 투자와 기술 수준을 보여온 중국 기업들이 펼쳐내는 증권 시장은 언급한 다소 우울한 전망을 충분히 상쇄할 것이다.

중국의 유통·의료·교육 분야에서 일어나고 있는 급속한 산업 간 융합과 혁신들은 중국 정부의 경제위기 극복을 위한 대규모 지원 정책에 힘입어 비약적인 발전을 예고하고 있다. 빠른 경제 전환을 지켜보면서 우리는 중국의 경제체제와 구조는 서구의 자본주의의 그것과는 다르다는 것을 잊지 말아야 한다. 새로운 경제로 전환하는 속도와 효율성이 높을 수 있는 만큼이나 특유의 체제 내재적 한계와 비효율도 가지고 있다.

중국의 자본 시장을 상대로 비즈니스 기회를 항상 주시하고 연구해

온 중국자본시장연구회가 추천하는 중국과의 사업과 투자 기회는 무엇인가. 최근 중국 증권감독관리위원회가 발표한 코로나19 위기 극복을 위한 중국의 증권 정책 방향을 검토해보았다. 크게 단기적 시장 안정화 조치, 증권 시장의 내부 구조개혁, 자본 시장의 국제화 박차 등 기존의 증권 시장 정책의 골간을 유지하고 있다. 그렇다면 포스트 코로나 시대의 중국과 대한민국 사이의 자본 시장 협력은 어디에서부터 시작해야 하는가.

중국자본시장연구회는 2009년 금융투자업계의 중국 진출을 지원하고, 한·중 자본 시장의 네트워크 구축을 위해 중국 전문가들이 실사구시형으로 구성한 연구 모임이다. 매월 한 차례 정기 모임을 쉬지 않고 해왔고 2020년 5월에 130차를 맞았다. 회원이 꾸준히 늘어 200명이 넘었다. 구성원의 분야는 금융·투자를 넘어 정부·기관·기업·법률·회계·언론·문화계 등으로 더 넓어졌다.

코로나 팬더믹은 중국자본시장연구회에도 큰 변화를 일으켰다. 화상 프로그램을 통해 5번의 모임을 진행했는데 온라인 세미나의 장점이 있었고 신선한 경험이기도 했다. 그렇게 지나온 5개월은 각계에서 활동하는 이들에게는 혼돈의 시간이자 숙명적으로 받아들여야 할 변화의 시간이었다. 그래서 이번 회지를 '애프터 코로나'로 준비하기로 하고, 회원뿐 아니라 일반인에게까지 도움을 줄 수 있는 방식을 찾아 이 책 《애프터 코로나 투자의 미래》를 기획하기에 이르렀다.

필진은 중국자본시장연구회가 자랑하는 한국의 대표적인 중국 전문가들이다. 다양한 분야에서 포스트 코로나 시대에 관한 탁견을 보여줄 것이다. 금융위기처럼 코로나 팬더믹 같은 예기치 않은 사태는 앞으로 반복될 것이다. 하지만 준비한 이들에게 위기는 다시금 성장할 수 있는 기회가 되기도 한다. 중국자본시장연구회가 성심껏 준비한 집단지성이 독자분들의 포스트 코로나 시대에 대한 통찰에 의미 있는 보탬이 되길 기원한다.

중국자본시장연구회 이사장 유재훈

유재훈 | 서울대학교 무역학과 학사, 서울대학교 행정대학원 행정학 석사, 프랑스 파리정치대학 Sciences Po de Paris 경제학 석사, 프랑스 국립행정학교 졸업, 경기대학교 경제학 박사를 마쳤다. IFC−IBRD의 선임 스페셜리스트, 기획재정부 국고국장과 금융위원회 상임위원, 예탁결제원 사장, 아시아인프라투자은행AIIB 회계감사국장과 총재선임보좌관을 역임했다. 현재 중국자본시장 연구회 이사장이다.

CONTENTS

1장

바이러스가 무너뜨린
미·중 헤게모니의 장벽

변웅재 | 서울대학교 법과대학과 미국 스탠퍼드 로스쿨에서 법학을 전공했다. 1998년부터 변호사 생활을 시작해 김&장, 태평양에서 근무했고, 현재는 법무법인(유) 율촌 변호사로 근무하고 있다. 중국에서는 현대자동차 중국지주회사와 중국 쥔허Junhe 로펌, 법무법인(유) 태평양 북경대표처에서 근무했다. 20여 년 동안 현대차 중국 프로젝트, 미래에셋 중국 부동산 프로젝트 등 중국의 대형 프로젝트 등을 수행했다. 2008년부터 KAIST MBA 겸직교수로서 중국투자법규와 실무, 중국협상전략을 13년간 강의하고 있으며, (사단법인) 중국자본시장연구회의 부회장(운영위원장)을 맡고 있다. 중국 관련 기고와 외부 강연도 활발하게 하고 있다.

AFTER
C☀RONA

2020년이 시작할 무렵에 알려진 코로나19는 한 분기 만에 세계의 아젠다를 장악했다. 그 영향력은 정치·경제·사회를 넘어 이데올로기까지 번지고 있다.

2017년 1월에 취임한 이후 자신이 가진 힘의 상당 부분을 중국을 공격하는 데 썼던 도널드 트럼프 대통령은 2020년이 시작할 무렵만 해도 재선에 별문제가 없어 보였지만 코로나19 이후에는 어떤 것도 장담할 수 없게 됐다. 5월에 미국의 확진자 수가 150만 명이 넘고, 사망자도 10만 명에 육박하기 때문이다. 또한 트럼프가 자랑하던 미국 실업률도 계속 상승하고 있다.

외계인이 지구를 공격하면 미국이 중심이 돼 그것을 막아내고 마지막에는 성조기가 휘날리는 백악관 위를 날아다니는 영웅이나 헬리콥터를 믿을 수 있는 시대는 지나갔다. 영화 〈인디펜던스 데이〉나 〈어벤저스〉 속

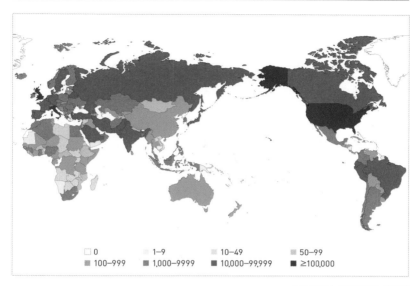

출처: 중국국가건강위생관리위원회

의 영웅들을 기대할 수 없게 되었다는 얘기다.

한편 중국도 국제 사회에서의 지위에 적지 않은 타격을 입게 되었다. 그간 중국에 대해 우호적인 입장을 보이던 일부 서방 국가들도 중국에 대한 비난에 동참할 움직임이 보이고, 중국을 상대로 한 손해배상 청구 소송 같은 책임 문제에서도 설령 주권 면책 원칙Sovereign immunity을 인용해 소송에서는 이길 수 있더라도, 소송 과정에서의 책임 논란으로부터 완전히 벗어나는 것이 쉽지 않을 것이기 때문이다. 서방 국가의 일반인의 중국에 대한 반감은 코로나19를 계기로 더욱 강화될 것이다.

결국에 이런 상황은 그간 미국 중심의, 미국과 중국이라는 G2 체제의 국제 정치나 사회 역학의 큰 변화를 예고하고 있다.

미·중 갈등의 새로운 국면 불가피

외부에서 강한 적이 나타나면 내부는 결속하게 된다는 것은 일반 상식이다. 심지어 내부의 갈등을 밖으로 폭발시키기 위해 임진왜란을 일으킨 도요토미 히데요시 같은 사람도 있을 정도다. 코로나19라는 강한 적이 나타나기 전에 미국과 중국은 3년째 갈등을 치르고 있었다. 표면적인 갈등 원인은 무역적자로 인한 미국의 틀 바꾸기였다. 하지만 그 내부에는 중국의 기술 발전 정책인 '중국제조2025'로 인한 미국의 공포라는 것을 부인하기 힘들다.

중국 국무원은 2015년 5월 산업 고도화를 통한 제조업 활성화를 목표로 '중국제조2025中國製造 2025, Made in China 2025'를 발표했다. 생필품 등의 가격 경쟁력을 잃어서 매년 3,000억 달러의 대중 무역적자를 보는 미국으로서는 이제 첨단산업까지 그 지위를 빼앗기면 답이 없었다. 화웨이가 주도하는 5G를 장악당할 경우 자신들의 정보가 고스란히 중국의 정보 당국에 까발릴 것이라는 우려까지 일어났다.

공격에 나서기로 한 이상 미국은 빨랐다. 미국은 화웨이華爲의 런정페이任正非 회장의 딸 멍완저우孟晚舟를 2018년 12월 1일 캐나다에서 체포했다. 이 과정에서 미국 정부의 관여가 있었던 것은 충분히 추측할 수 있다. 이후 미·중은 수차례의 줄다리기를 하면서 무역전쟁을 끌어갔다. 물론 무역전쟁의 배경에 기술전쟁이나 헤게모니 싸움이 있는 만큼 쉽게 끝나리라고 보는 사람은 없었다.

그런데 이들 앞에 갑자기 코로나19라는 더 강력한 적이 나타났다. 처음에는 중국 IT산업의 심장 중에 하나인 우한武汉을 폭격하는 듯했지만, 순식간에 이탈리아나 에스파냐를 거쳐서 미국은 물론이고 독일·프랑스·영국 등을 공략했다. 국제 관계 석학인 제네바대학 국제경제대학원 리처드 볼드윈Richard Baldwin 교수는 코로나19는 세계대전이 아니라 모두가 협력할 필요가 있는 사안이라고 진단하고 마스크·호흡기·진단 키트·백신 같은 제품의 국제 협력을 강조했다. 그는 미국 역시 이번 사태 극복을 위해 중국 제조업 능력이 필요하고, 이것이 트럼프 대통령의 보호주의 본능을 완화시킬 수 있을 것으로 진단했다.

이 상황에서 주목받는 것 가운데 하나가 중국이 주도적으로 추진한 일대일로 정책이었다. 미국은 이 정책이 중국이 미국이나 일본 대신에 EU나 인도·러시아는 물론이고 아프리카를 잇는 정책이라고 생각해 부정적인 여론전에 가세했다. 실제로 코로나19가 벌어진 직후 일대일로도 타격을 입는 모습이 있었다. 하지만 《일대일로의 모든 것》을 쓴 이창주 아주대학교 교수는 오히려 코로나19는 보건+경제 모델의 확대나 빅데이터에 의한 감염 관련 정보나 생산 수단 및 재고에 대한 공유, AI와 로보틱 프로세스 자동화 같은 첨단기술을 통한 완전 자동화, 비대면 경제의 활성화를 불러 일대일로가 더 빠르게 요구되는 상황을 불러올 수 있다고 전망했다. 건강 실크로드의 개념 도입이나 방역 물품을 운송하기 위한 중국–유럽 대륙열차의 활성화를 가져올 것으로 보고 있다.

중국의 정치 변화는 어떻게 될 것인가

포스트 코로나 상황에서 주목받는 것 가운데 하나가 중국 국내 정치의 변화다. 코로나19는 중국의 가장 중요한 정치 행사인 양회, 즉 전국 인민대표대회·전국인민정치협상회의CPPCC의 연기까지 불러일으켰다. 중국의 최대 정치 행사인 양회는 3월 첫 주에 시작해 10일 정도 진행한다. 하지만 코로나19로 전국이 봉쇄하다시피 하면서 연기됐고 최종적으로 5월 21일부터 치르기로 결정됐다.

서방에서 중국을 볼 때 코로나19로 인한 결과 중 가장 중요시하는 것은 시진핑習近平의 지도력 약화나 정치체제의 변화였다. 하지만 중국 정치 전문가 그룹은 코로나19가 시진핑의 지도력에 부정적인 영향을 끼치기 어려울 것으로 진단한다.

중국 정부는 코로나19가 발생한 이후인 1월 26일 중국 공산당 중앙에 리커창李克强 총리를 조장으로 한 '중앙대응신형폐렴감염증업무영도소조中央应对新冠肺炎疫情工作领导小组'를 구성해 전체 흐름을 총괄했다. 환자 치료, 사망률 최저화, 완치 사례 연구, 진료를 총괄하는 이 팀은 전체적인 대응을 주도했다. 진행 과정에서 4월까지 시진핑은 16회의 회의와 연설, 현장 탐방을 통해 지원했고 리커창은 50회의 회의와 8회의 현장 탐방 등으로 코로나19를 대응했다. 또 중국 공산당은 사건의 진원지인 후베이성 위생건강위원회 장진張晋 당서기, 류잉즈劉英姿 주임을 2월 13일 면직시키고, 성 서기와 우한시 서기 등의 주요 인사를 교체했다.

이런 국면을 시진핑은 오히려 긍정적인 측면으로 활용하기도 했다. 이 시기에 자신의 측근인 산동성 성장 궁정龔正을 상하이시 시장으로 승진시켰고, 1970년 이후 태어난 치링호우70后를 대거 주요 그룹으로 올렸다. 이들은 대부분 지방 경력을 가진 신규 엘리트로 금융이나 국영 기업 경력을 쌓았으며 기율 감찰기관 출신들이 많다.

대표적인 인물로 1970년생인 쉬따통徐大彤 샨시성 부성장, 스광후이時光輝 구이저우성 상무위원, 궈닝닝郭宁宁 푸젠성 부성장부터 1976년생인 런웨이任维 시짱자치구 부주석까지 약 30명에 달한다. 시진핑으로서는 코로나19를 빌미로 세대교체를 단행한 것이다. 중국의 전통적인 전술인 36계에는 제3자를 이용해 적을 공격하는 전략인 차도살인借刀殺人이 있다. 시진핑은 이번에 코로나19라는 3자를 활용해 자신의 정치적 대상을 치는 차도살인에 성공했다고 보는 시각이 있을 수 있다.

더불어 이번 사건을 빌미로 총체적 국가 안전관을 강화해 향후 자신을 위협할 요소를 제거하는 효과도 보고 있다. 대외적으로 국가 안보를 수호하고, 대내적으로 인민의 안정적인 삶을 보장한다는 명목으로 각종 통제 체제를 강화할 명분을 얻었다. 이에 따라 2019년 12월 6일 열린 중공중앙정치국회의中共中央政治局会议에서 강조한 6온六稳은 힘이 더 실릴 수밖에 없다. 6가지 안정 정책을 의미하는 6온은 일자리, 금융, 대외무역, 외자유치, 투자, 기대 효과稳就, 业稳金融, 稳外贸, 稳外资, 稳投资, 稳预期 등을 말한다. 이 밖에 6가지 보장 정책인 6보六保도 같이 힘을 실을 예정이다. 6보는 거주민의 취업居民就业, 기본 생활 보장保基本民生, 시장 주체 보장保市场主体, 식량과 에너지 안전보장保粮食能源安全, 산업 간 공급 체인의 안정保产业链供应链稳定, 하부 조직 운영 보장保基层运转 등이다.

이런 중국 핵심부의 사회 관리 시스템 구축은 결과적으로 4차 산업혁명과 결합을 의미한다. 중국은 1990년 이후 사회 관리 구조를 단위單位에서 사구社區로 옮기는 것을 진행해왔다. 단위는 기관·단체·사업체·기업 등 비자연적인 실체를 말한다. 보통은 직장 정도로 보면 맞다. 그런데 직장 등으로 통제 범위를 삼을 경우 누락될 수 있는 사람이 나타날 확률이 높다. 반면 거주지 중심인 '사구'는 관리가 쉽다는 장점이 있다. 사회 감시 시스템인 텐왕天網과 결합할 수 있다. 실제로 중국은 2011년 베이징 동청구를 시작으로 사구를 격자網格로 나누고 격자마다 '격자망 관리원'을 배치하는 방식을 쓰고 있다. 관리원은 사구 내의 정보를 수집하고, 사건 사고의 발생 원인을 사전 점검하고, 감시한 후 구 정부에 보고하는 방식이었다. '격자망 관리원'은 휴대용 단말기에 설치한 프로그램인 성관통城管通으로 연결해 일괄 관리를 해오고 있다. 실제로 코로나19 상황에서 이 시스템은 즉각 활용됐다. 다양한 방역 건강 정보 시스템과 연결돼 효과를 보기도 했다.

이와 더불어 스마트시티의 필요성은 더 확대됐다. 이런 격자망 관리 구조를 진화시킨 것이 스마트시티다. 스마트시티는 도시가 가진 빅데이터, 클라우드, IoT, AI 등의 기술을 도시 통제와 안전망으로 쓸 수 있기 때문이다. 실제로 알리바바阿里巴巴가 주도하는 항저우 등이 관련 기술을 시험했다.

한편 과연 중국이 지금 같은 강력한 중앙집권적 구조를 계속 유지하는 것이 효율적인지 의문도 제기될 수 있다. 즉, 코로나19에서 문제된 것처럼 중국의 지방정부가 자신들의 문제에 대해 책임을 가지고 신속하게 의사결정을 하는 것이 아니라 중앙정부의 눈치를 보면서 시간을 허비하는 상황이 된다면 또 다른 코로나19가 발생했을 때 이를 즉각적으로 대처할 수 있을지 의문이다. 그런 측면에서 코로나19로 다시 주목받는 《총, 균, 쇠》에서 지적한 중국의 전통적인 중앙집권 시스템의 문제점을 한번 점검해보고 지방정부에 상당한 자율권을 주는 '최적 분열 시스템'을 구축할 필요성이 제기될 것이다.

경제 민족주의 시대는 올 것인가

포스트 코로나 상황에서 주목받는 한 가지는 '경제 민족주의 시대'가 찾아올 수 있는가의 문제다. 미국의 원로 국제 정치 전문가인 헨리 키신저Henry Alfred Kissinger는 "코로나19로 세계 질서가 바뀔 것"이라며 "자유 질서가 가고 과거의 성곽 시대Walled city가 다시 도래할 수 있다"라고 전망했다. 결국에는 자국중심주의인 '경제 민족주의'가 도래할 수 있다는 말이기도 하다.

피터슨국제경제연구소PIIE 아담 S. 포센Adam S. Posen 교수는 그 징조가 온다고 봤다. 그는 겁에 질린 사람들과 정치인들은 가장 가까운 이들만을 챙기고 의료 장비, 약품, 달러 유동성, 지역 시장 등에서 가난한 국가들에 원조해야 할 몫까지 내 집, 내 나라 안에 비축해두려고 한다고 말했다. 그는 트럼프가 가장 강한 특성을 보이고 브라질·헝가리·인도·영국 등도 이런 경향을 보인다고 봤다. 그는 당장은 물론이고 향후 세계 평화를 위해 재정정책이나 금융정책은 물론이고 모든 면에서 국가 간에 협조를 통해 문제를 해결해가는 지혜가 필요하다고 밝히고 있다.

만약 경제 민족주의가 다시 발흥하면 그간 세계 경제의 발전을 이끌던 'GVC'는 약화되게 된다. GVC는 우리 주변의 경제가 독자적으로 생존하는 것이 아니라 보이지 않는 다양한 사슬로 얽혀 있다는 것이다. 간단히 설명하면 우리나라는 중국에 흑자를 보는 대신 일본에 적자를 봐서 운영되는 국가다. 반면 중국은 우리나라와 대만에는 적자지만 미국과 일본에 흑자를 내서 산다. 일본은 우리나라와 대만에 흑자지만 중국에는 적자다. 대만 역시 중국에 흑자지만 일본에 적자여서 우리나라와 비슷한 구조다. 여기에는 표시되지 않지만, 우리나라와 대만은 수십 년간 신기할 만큼 무역수지의 균형을 이루고 있다. 국가 간 재정 문제만이 아니다. GVC는 각국의 부품 산업과도 곧바로 연결돼 있다.

우리나라 자동차 부품의 일부는 중국에서 공급돼왔다. 실제로 코로나19로 2020년 1월 중국에서 자동차 안의 전자기기를 연결해주는 '와이어링 하니스(차량 배선 뭉치)'가 들어오지 못하자 우리나라의 현대자동차 등의 조업이 중단되기도 했다.

물론 이런 모순은 의도적인 공격의 대상이 되기도 한다. 한·일 간 정치적 갈등이 깊어지자 일본이 우리나라 반도체의 원재료로 쓰이는 에칭 가스 등의 수입을 막겠다는 조치가 좋은 예다. 하지만 우리나라는 국산화와 수입 대체국을 찾는 방식으로 이 문제를 해결하기도 했다. 궁극적으로 승패를 떠나 이런 갈등은 국제 질서의 어려움을 불러올 수 있는 여지가 충분하다.

하지만 GVC에서 예정돼 있는 포스트 코로나 시대의 문제가 없는 것은 아니다. 우선은 국가 간 수출입이 어려워지면서 중국산 제조업 제품들의 비용 상승은 불 보듯 뻔한 일이 됐다. 코로나19로 인해 미국에서 의료 용품은 물론이고 화장지 등 기초 생필품의 문제가 생긴 것은 향후 기초 생필품의 가격 상승을 예고한다.

중국은 향후 우리나라 등 주변국에서 중간재를 조달하는 방식을 벗어나 자국에서 모든 밸류체인을 완성하려는 욕구가 커질 것으로 보인다. 물론 산업 고도화를 한꺼번에 이룰 수 없기 때문에 당장 가능하지 않겠지만 지속적으로 이런 노력을 할 것이다. 이에 따라 중국 중심의 신성장 산업이 등장할 가능성도 많다. 이런 변화는 코로나19가 아니라도 진행되는 것이다. 그간 GVC는 질적인 변화를 보였다는 것이 전문가들의 견해다. GVC 대신 '지역 밸류체인RVC'이나 '국가 밸류체인NVC'이 강화되었다는 의견도 지속적으로 나오고 있다. 동북아를 중심으로 한 밸류체인의 강화와 중국의 소비 국가로서의 부상은 새로운 밸류체인 체계에 대한 구상의 필요성을 부각시키고 있다.

가속 붙을 중국의 변화

중국 정부는 코로나19를 통해 디지털 이코노미 전략을 더욱 강화할 것으로 전망한다. 우선은 기존 디지털 기반 서비스를 정부 주도로 빠르게 전환할 것으로 예상한다. ICT 중심의 국가 기구를 설립하고 이에 맞는 국가 전략을 수립할 것이다. 관련 기술의 '선 허용, 후 규제' 방식의 정책 기조 또한 유지할 전망이다. 이를 보장할 경우 디지털 헬스케어 산업 등은 날개를 달면서 세계를 주도할 수 있을 것이다.

또 정부 차원에서 전 산업계에 적용할 수 있는 '인터넷 플러스' 전략을 도입해 산업계를 잇는 허브 역할을 하게 할 것이다. 미·중 갈등으로 '중국제조2025'가 주춤했지만, 코로나19를 계기로 첨단기술 산업을 육성해 핵심 기술·부품·소재 자급도를 2020년까지 40%, 2025년까지 70%로 끌어올리기 위한 과제를 지원할 것으로 보인다.

이 상황에서 '신형 인프라 건설新型基础设施建设'로 불리는 7대 신형 인프라 산업을 가장 주목해야 한다. 2018년 12월 열린 중앙경제공작회의에서 확정된 이 계획에는 5G, 인공지능人工智能, 산업네트워크망工业互联网,

IoT物联网가 중심이었다. 그런데 코로나19를 겪으면서 중국의 기획재정부에 해당하는 국가발개위国家发改委가 2020년 4월 20일에 이 개념을 3가지 방면으로 나눠서 발표했다.

(1) 첨단 인프라 설비信息基础设施다. 5G, IoT, 산업네트워크망에 위성 네트워크망卫星互联网을 추가했다. 이 인프라는 AI나 클라우드, 블록체인区块链 등으로 연결되는 구조다.

(2) 융합 기초 인프라融合基础设施다. 고기술 인터넷망, 빅데이터, AI 등의 기술을 융합해 스마트 교통, 지능형 에너지 기초 인프라 구축으로 연결하는 것이다.

(3) 창의 기초 인프라创新基础设施다. 이것은 R&D, 기술 개발로 시작해 대형 과학 기초 설비나 과학 교육, 산업 기술 인프라 구축으로 연결해 기술 혁신을 주도한다는 것이다.

중국은 신형 인프라 건설을 위해 중앙은 물론이고 지방정부가 대대적으로 자금을 투자할 계획이다. 5G 통신망은 향후 5년간 2조 5,000억 위안까지 투자할 계획이다. 55만 개의 5G 기지국을 완성해 중국이 이 기술을 선도한다면 자율주행이나 블록체인 등도 다른 나라를 앞서갈 수 있게 된다.

코로나19는 비대면 활동이나 기술의 필요성을 증명했다. 우선 온라인 교육이나 재택근무를 위한 인프라 구축을 선도할 것이다. 원격 의료, 행정 정보화 분야도 기반 시설이 빠르게 늘어날 전망이다. 이 부분의 투자 규모도 3조 5,000억 위안에 달할 것으로 전망됐다.

이 밖에 특고압 송전선로나 전기차 충전 기반 구축 등도 막대한 자금을 투자해 실제화하는 한편 세계를 선도할 산업으로 육성할 계획이다.

한·중, 미·중 관계는 어디로 갈 것인가

코로나19 발생 초기만 해도 중국은 세계의 손가락질을 받아야 했다. 하지만 중국은 자국의 방식으로 질병을 제어했다. 초반기에는 우한, 후베이성 봉쇄라는 초강수를 두었다. 또 국가위생건강관리위国家卫健委가 1월 26일부터 바이두百度 등 포탈 등을 통해 환자의 추세를 실시간으로 업데이트했다. 이 수치는 처음부터 의심을 받았다. 중국을 부정적으로 바라보는 게 습관인 서방이나 여타 국가들로서는 이 데이터를 믿는 것이 쉽지 않았을 것이다.

이와 함께 중국인에 대한 입국 통제 등의 조치도 이어졌다. 우리나라에서도 이런 여론이 적지 않았다. 하지만 우리나라 정부는 우한 등 후베이성 지역민에 대한 입국 금지만 시행했을 뿐 다른 지역 사람들에 대한 입국 금지는 거의 하지 않았다. 또 입국 금지를 시행하면 상대국이 우리나라 사람의 입국을 막는지 여부를 파악해 호혜 평등의 원칙을 근거로 했다. 결과적으로 중국과 인근 국가들을 중심으로 번져가던 코로나19가 세계로 퍼지면서 우리나라와 중국은 가장 먼저 코로나19를 통제한 국가가 됐다. 이러한 상황에서 중국과 우리나라 모두 방역 물품이나 진단 키트 등의 수출이 가능해졌다는 것은 역사적 아이러니라고 볼 수 있다.

중국은 자국 상황이 나아지자 우선은 그간의 은원을 파악해 다음 일을 계산하고 있다. 싱하이밍邢海明 주한중국대사는 2020년 4월 29일 국민대학교에서 열린 '포스트 코로나 시대, 글로벌 변화와 중국의 미래'에 영상 메시지를 통해 중국과 우리나라는 하루빨리 경제 무역 교류를 재개해 '포스트 코로나 시대'를 위한 선발적 우위를 확보해나가야 한다고 말했다. 싱 대사는 양국은 합동 방역 체제를 잘 활용하고 최적화해 동북아 방역의 안전지대를 공고히 해야 한다며, 기업인들의 왕래를 보장하고 경제 무역 관계자들의 신속한 예외 입국을 보장하는 '패스트 트랙 Fast track' 역할을 충분히 발휘해야 한다고 말했다.

싱 대사는 코로나19가 한·중 간 이웃의 온정과 친구의 의리를 깊이 있게 해석하는 계기가 됐고 두 나라는 떼려야 뗄 수 없는 운명 공동체라는 것을 다시 한번 입증해줬다며 양국은 국가 발전 전략 연계 협력에 박차를 가해야 한다고 말했다. 그간 사드로 인해 경색된 한·중 관계가 다시 개선될 수 있다는 여지를 남겼다.

상대적으로 미·중 관계도 변화가 불가피하다. 도널드 트럼프는 '아메리카 퍼스트'를 통해 중국 봉쇄를 주도했다. 결과적으로 세계 경제는 위축됐고 자국 중심의 보호주의만 강화됐다. 이에 따라 불확실성은 커져서 세계인들이 갖는 위협감은 늘어났다.

트럼프가 코로나19로 인한 책임을 물어서 중국과 중국 기업을 상대로 제재를 시작한다면 이번에는 중국도 새로 제정된 외상투자법外商投资法의 보복 조항, 즉 어느 국가 또는 지역이 투자 방면에서 중화인민공화국에 대해 차별적인 금지나 제한 또는 기타 유사 조치를 취할 경우 중화인민공화국은 실정에 따라 해당 국가 또는 해당 지역에 대한 대응 조치를 할수 있다는 조항을 활용해 대응할 가능성이 크다. 이 경우 미·중 무역전쟁은 새로운 국면으로 돌입할 수 있다.

이에 대해 국민대학교 중국인문사회연구소 윤경우 소장은 코로나 팬데믹으로 인해 반反, 탈脫 서구화·글로벌화, 글로벌 공급망의 탈중국화가 이뤄질 것으로 보고 결과적으로는 중국도 자국중심주의로 갈 것으로 진단했다. 이 경우 중국은 내수 중심 경제를 강화하고 인간 안보를 위한 민주적 자유권을 포기할 것으로 내다봤다. 실질적으로 공공장소의 폐쇄나 사회적 거리 두기, 자가격리, 개인 동선 추적 등이 이뤄질 수 있을 것으로 봤다.

이런 기회 앞에서 목소리를 제대로 낼 수 있는 자격을 얻은 나라는 우리나라밖에 없다. 우리나라는 중국이 취한 봉쇄라는 방식이 아닌 시민들의 자율적 조치로 코로나19를 일정 부분에서 통제한 드문 국가가 됐다. 비록 사생활 보호와 사회적 방역의 필요성과의 조화 문제, 원격의료 또는 비대면 의료와 관련된 이해관계 조정이라는 어려운 숙제를 안고 있지만 상호 인정·존중·신뢰·소통·공감·연대·자유·배려 등의 가치를 세계에 알린 국가가 됐다.

중국도 코로나19 이후 사드로 촉발된 제재를 상당 부분 완화할 의지를 보이고 있다. 시진핑 주석의 방한이 이뤄질 경우 한·중 관계는 보다 획기적으로 개선될 수 있다.

전쟁이나 경제가 아닌 바이러스라는 예상치 못한 변수로 미·중 헤게모니가 흔들리게 된 지금이야말로 우리나라가 그간 축적한 정치·경제·외교·사회 역량을 총동원해 국제 사회에서의 우리나라의 위상을 제고하고, 향후 보다 급속하게 전개될 4차 산업혁명 시대를 선도할 수 있는 좋은 기회가 될 것이다.

2장

새로운 위기와
10년의 기회

조용준 | 고려대학교 경영학과와 동 대학원을 졸업하고 신영증권과 대우증권을 거쳐 현재 하나금융
투자 전무 겸 리서치센터장으로 근무하고 있다. 오래전부터 중국에 관심을 두고 리서치를 주도했으
며, 중국 내수 시장을 주도하는 1등 기업들에게 장기투자하는 상품을 개발하여 시장의 큰 호응을
얻었다. 저서로는 《4차 산업 1등주에 투자하라》《2025 경제 권력의 대이동》《10년 후 미래를 약속
하는 중국 내수 1등주에 투자하라》《워런 버핏 따라하기》《가치투자가 최고다》(공저) 등이 있다.

김경환 | 중국에 10년 거주했으며, 중국 경제와 증시를 13년간 분석한 업계 최장 전문가다. 하나
금융투자 팀장으로 근무하고 있다. 베이징대학을 졸업했으며, 2019년 한경 중국/신흥국 투자전략
부문 베스트 애널리스트다.

코로나19가 불러온 중국 경제와 자본 시장의 새로운 기회

코로나19는 중장기 중국 경제와 자본 시장 관점에서 중대한 변곡점이 자 또 다른 기회가 될 것이다. 2020년 글로벌 팬데믹은 전례가 없는 과 잉 유동성과 저금리 상황을 한 번 더 연장시키고 있다. 아이러니하게도 이러한 상황에서 바이러스의 진앙지이자 피해국인 중국 경제의 글로벌 입지는 더 격상될 수 있으며, 위안화 표시 자산에 대한 글로벌 투자 비 중은 더 상승하는 계기가 될 것으로 판단한다.

우리가 이렇게 판단하는 이유는 새로운 10년이 확장하는 국가보다 버 티고 지키는 국가가 더 위로 올라갈 수 있는 미증유의 환경과 생존 게 임, 즉 역逆글로벌화, 저성장, 환경 규제/바이러스 변수가 지배하는 세상 이기 때문이다. 중국의 책임론 여부와 무관하게 중국 경제와 자본 시장은 이러한 게임에 굉장히 유리한 조건을 갖추고 있다. 우리는 중국 정부가 자국의 금융 시스템과 부채 리스크를 계속 통제할 수 있다는 전제하에 향후 (1) 정부 부문의 정책 여력과 일관성, 가계 부문의 건전성이 선진국 대비 우위에 있다는 점, (2) 내수 시장의 성장성과 체력이 역글로벌화와 각자도생 기조하에서 신흥국 내에서 우위를 보인다는 점, (3) 10년간 매우 신중하고 점진적으로 금융 시장을 개방한 덕에 대외 충격을 최소화하면서 안정적인 개방 스케줄을 가져갈 수 있다는 점, (4) 무엇보다 2008년 글로벌 금융위기의 실책이 많은 교훈을 남겼고 2017~2019년 선제적인 디레버리징Deleveraging 정책이 향후 장기 전략을 세우는 데 유리하게 작용할 수 있을 것으로 전망한다.

2020년 위기는 중국의 선택에 따라 기회가 될 수 있다. 2008년 미국발 글로벌 금융위기 당시 중국은 '구원자' 역할을 자처했다. 2001년 세계무역기구wto 가입과 함께 수출과 투자를 중심으로 승승장구하던 중국은 글로벌 무대로 인도했던 미국이 무너지자 결과론적으로 대외 충격을 크게 상회하는 유동성 공급과 투자를 통해 글로벌 경제 회복에 일조했다. 중국 경제는 결국 2002~2007년의 경기 과열 사이클을 4년 더 연장시켜 구조조정에 실패했고, 은행권 부실 대출과 과잉 투자로 인해 10년간 부작용에 시달렸다. 중국 경제가 10년간 '양적 성장'에서 '질적 성장'으로 전환하지 못했다는 증거는 중국 경제의 글로벌 비중 대비 주식 시장 시가총액 비중이 현격히 낮다는 점에서 여실히 드러난다.

실제로 중국 경제의 글로벌 비중은 2008년 7.2%에서 2019년 16.3%까지 상승해 압도적인 2등이 되었지만, 주식 시장 시가총액(본토 A주)의 글로벌 비중은 2008년 4.8%에서 2019년 8.4%까지 상승하는 데 그쳤다.

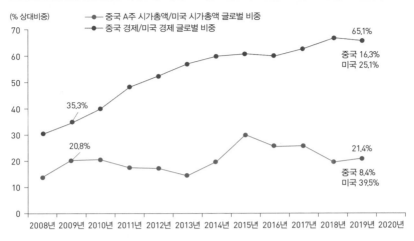

10년간 중국 경제 성장 대비 시가총액은 횡보

(% 상대비중)

→ 중국 A주 시가총액/미국 시가총액 글로벌 비중
→ 중국 경제/미국 경제 글로벌 비중

65.1%

중국 16.3%
미국 25.1%

35.3%

20.8%

21.4%

중국 8.4%
미국 39.5%

2008년 2009년 2010년 2011년 2012년 2013년 2014년 2015년 2016년 2017년 2018년 2019년 2020년

출처: CEIC, Wind, 하나금융투자

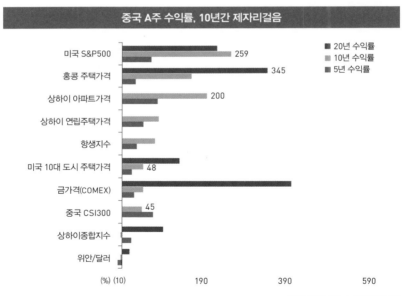

중국 A주 수익률, 10년간 제자리걸음

■ 20년 수익률
■ 10년 수익률
■ 5년 수익률

미국 S&P500 — 259
홍콩 주택가격 — 345
상하이 아파트가격 — 200
상하이 연립주택가격
항생지수
미국 10대 도시 주택가격 — 48
금가격(COMEX)
중국 CSI300 — 45
상하이종합지수
위안/달러

(%) (10)　　190　　390　　590

출처: CEIC, Wind, 하나금융투자

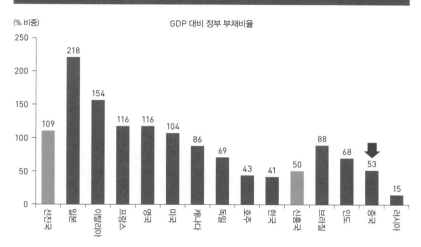

중국 정부의 정책 여력과 재정 건정성은 기타 국가 압도

(% 비중)

GDP 대비 정부 부채비율

출처: CEIC, Wind, 하나금융투자

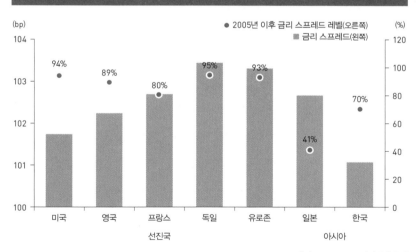

중국과 주요국 금리 차: 정책 여력, 환율, 투자 매력 우위

(bp)

● 2005년 이후 금리 스프레드 레벨(오른쪽)
■ 금리 스프레드(왼쪽)

(%)

선진국

아시아

출처: CEIC, Wind, 하나금융투자

같은 기간 미국 경제의 글로벌 비중은 23%에서 24%로 횡보했지만, 시가총액 비중은 33%에서 40%까지 더 상승했다.

10년의 위기, 향후 10년의 기회: 금융 시장 개방과 자본 시장 활성화

2020년 새로운 위기에 직면한 중국은 어떤 선택을 할 것인가. 10년간 아쉬웠던 부분을 강화하는 것이 최선의 전략이 될 것이다. 중국은 이 위기를 타개하기 위해 무리한 경기 부양책보다 정밀한 재정정책과 내수 시장 활성화를 택할 것이고, 금융 시장 개방과 직접 금융 활성화를 통해 부채 문제를 완충하고 자본 시장과 기업 부문의 질적 성장을 시도할 것이다. 중국 자본 시장 투자 환경의 변화와 중장기 기회 요인은 다음과 같다.

이머징 시장 내에서 중국 주식과 채권의 투자 비중은 큰 폭으로 상승할 것이다

2019년 맥킨지컨설팅은 글로벌 6대 산업 밸류체인의 수출 의존도가 2007년 28%에서 2018년 22%까지 빠르게 하락하는 동시에 주력 분야가 상품에서 서비스로 이동하고 있다고 평가했다. 이는 국가별 '자급자족'이 강화되고 있다는 점을 시사하며, 무역전쟁 국면 아래 중국은 막강한 내수 시장을 바탕으로 제조업 대국에서 소비 강국으로 전환될 수밖에 없음을 시사한다. 맥킨지는 중국과 이머징 국가가 글로벌 평균을 상회하는 높은 성장률을 기반으로 2030년 글로벌 완성재 소비 수요의

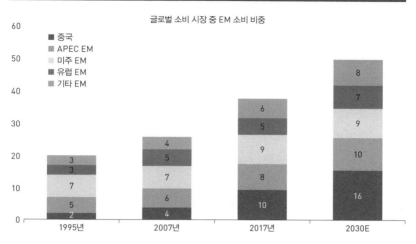

이머징은 중국을 중심으로 소비 시장의 주인공으로 성장

글로벌 소비 시장 중 EM 소비 비중

- 중국
- APEC EM
- 미주 EM
- 유럽 EM
- 기타 EM

출처: 맥킨지, 하나금융투자

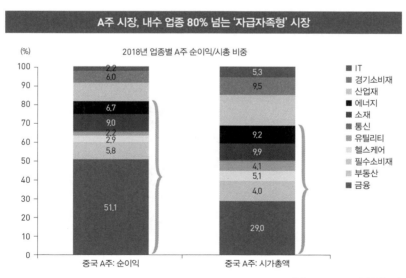

A주 시장, 내수 업종 80% 넘는 '자급자족형' 시장

(%)

2018년 업종별 A주 순이익/시총 비중

- IT
- 경기소비재
- 산업재
- 에너지
- 소재
- 통신
- 유틸리티
- 헬스케어
- 필수소비재
- 부동산
- 금융

출처: CEIC, Wind, 하나금융투자

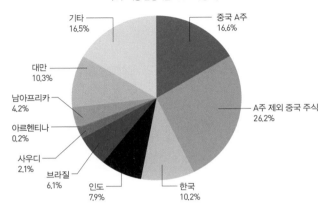

MSCI 신흥국 지수 국가별 비중
(A주 시총 반영비율 100% 가정 시)

기타 16.5%
대만 10.3%
남아프리카 4.2%
아르헨티나 0.2%
사우디 2.1%
브라질 6.1%
인도 7.9%
중국 A주 16.6%
A주 제외 중국 주식 26.2%
한국 10.2%

출처: MSCI, 블룸버그, 하나금융투자

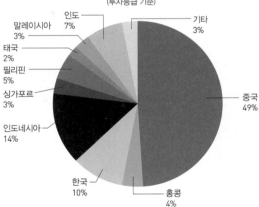

블룸버그 바클레이 아시아 USD 채권 지수 국가별 구성
(투자등급 기준)

인도 7%
말레이시아 3%
태국 2%
필리핀 5%
싱가포르 3%
인도네시아 14%
기타 3%
중국 49%
홍콩 4%
한국 10%

출처: 블룸버그, 하나금융투자

51%를 차지할 것으로 예상하고 소비 주도권이 선진국에서 신흥국으로 완전히 이전할 것으로 전망했다. 우리는 자원, 인구, 내수 시장 경쟁력이 우위에 있는 중국이 이머징 소비의 30% 이상을 차지하며 대표주자 역할을 할 것으로 판단한다.

이러한 중장기 추세 속에서 글로벌 자금의 '중국 자산' 투자는 대폭 확대될 전망이다. 중국 금융 시장 개방과 글로벌 지수 편입, 위안화의 평가절상과 국제화에 따라 중국 대표 산업과 기업에 대한 투자는 필수가 될 것이다.

우리는 글로벌 자금의 '이머징과 범아시아' 투자에서 중국 주식과 채권에 대한 투자 비중이 최소 50%에 육박할 것으로 전망한다. 실제로 2018년 MSCI EM 지수에 부분적으로 편입된 A주(시가총액 5%/전체 종목의 10%)가 향후 5~8년 내 100% 편입될 경우(대만 6년/한국 8년 소요) 중국 주식의 비중은 45%에 육박할 것으로 추정한다. 이는 향후 외국인 투자자가 최소 5~8년간 연평균 300~600억 달러의 A주를 꾸준히 순매수할 수 있음을 시사하며 중국의 대안 투자처였던 한국 증시를 계속 위협하는 요인이 될 것이다. 이는 중국 채권 시장 개방에도 똑같이 적용된다. 2019년 기준 글로벌 3대 채권 지수인 블룸버그 바클레이 아시아 Bloomberg Barclays Asia 채권 지수에서 중국 비중은 49%를 차지한다.

2020년은 금융 시장 개방과 직접 금융 활성화의 새로운 도약점이 될 것이다

코로나19 속에서도 중국 금융 시장의 개방은 속도를 더하고 있다. 중국 금융 당국은 자체적인 필요성과 대외 요구에 따라 2020년을 대개방의 원년으로 계획하고 있었다. 어쩌면 글로벌 금융 시장의 위험 자산 선호 심리가 약화된 2020년이 오히려 금융 당국이 원해왔던 '안전하고 통제된 개방'의 적기일 수 있다는 점에서 문호 개방에 더 적극적인 것으로 판단된다.

중국 금융 당국은 2019년 은행과 신평사의 외자 지분 제한을 철폐했고 2020년에는 생명보험, 선물(이하 1월), 운용사, 증권사(이하 4월)의 외자 지분 제한을 철폐했다. 12월로 예정했던 증권사 개방은 8개월을 앞당겨 4월 1일부터 외자 지분을 철폐해 당국의 강력한 의지를 시사했다. 이와 함께 업무 범위와 설립 조건도 대폭 완화하고 있어 글로벌 금융기관의 단독 혹은 과반 지분 확보를 통한 진출이 크게 확대될 전망이다. 실제로 2020년 1/4분기 기준 약 30개가 넘는 글로벌 IB, 운용사, 보험사가 독자 경영을 위해 금융 당국에 허가 신청을 제출한 상태다.

한편 중국 금융 시장 규모는 약 45~49조 달러, 자산관리 시장은 약 20조 달러로 규모와 성장성 측면에서 글로벌 최고다. 현재 로컬 금융기관의 난립과 과당 경쟁이 심화되고 있어 글로벌 플레이어들의 진출은 로컬 경쟁력이 상대적으로 약한 증권·운용·선물 분야의 구조조정을 촉발할 전망이다.

2020년 중국 자본 시장의 개혁개방도 한층 강화될 전망이다. 중국 자본 시장은 향후 10년간 (1) 기업 부채 문제를 완충하고 가계와 정부로 안전하게 전환하는 가교 역할, (2) 과거 20년간 국유/독점 산업에 편중된 발행 시장의 기능을 혁신/민영기업에 균등하게 제공, (3) 대외개방의 창구로서 수급 주체로서 외국인의 주식, 채권 투자를 촉진하는 역할을 할 것이다.

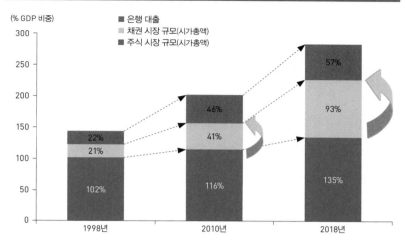

간접 금융(대출)에서 직접 금융(자본 시장)으로 전환 가속화

(% GDP 비중)

- ■ 은행 대출
- ▨ 채권 시장 규모(시가총액)
- ■ 주식 시장 규모(시가총액)

출처: CEIC, Wind, 하나금융투자

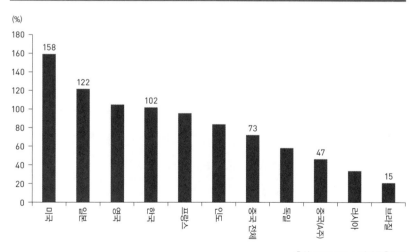

국가별 주식 시장 시가총액/GDP 비중: 중국 A주 47%

출처: CEIC, Wind, 하나금융투자

중국 증권 당국은 2018년 이후 적극적인 대외개방(글로벌 지수 편입/채권퉁 도입)과 혁신 기업에 '패스트 트랙'을 제공할 상하이 커촹반科創版(과학혁신보드)을 도입하고, 우수 유니콘 기업 상장과 CDR 발행(해외 상장 중국 기업의 복귀)을 추진하고 있다. 커촹반의 출범과 함께 IPO 등록제를 도입해 발행 시장 기능을 촉진하고, '동일 주식 차등 의결권'을 도입해 기업 혁신 추진을 위한 안전판을 마련했다고 평가할 수 있다.

중국 자본 시장의 우량 자산 전성시대가 열릴 것이다

시진핑 집권 2기의 중국은 '양적/고속' 성장에서 '질적/중속' 성장 시대를 표방하고 있다. 정치·경제와 사회적인 관점에서 질적 성장을 위한 리스크 관리와 민생 중심의 정책 기조(소득·복리후생·교육·환경)가 더욱 중시될 전망이다. 중국 경제가 본격적으로 '증량Flow'에서 '잔량Stock' 구간으로 진입한 상태에서 집권 2기의 정책 구상 변화와 강력한 실천은 정책 수혜 산업과 구조조정 대상 산업 간의 간극을 더욱 확대시킬 것이다.

우리는 향후 5~10년간 중국 산업과 기업 간 구도가 (1) 양적 성장의 종료, (2) 성장 모델 전환과 산업 고도화, (3) 엄격한 차별화 정책(금융/환경 규제)이 양극화를 키워 '적자생존'과 '강자독식'을 가속화시킬 것으로 전망한다. 실제로 2015년 이후 중국 전 산업의 산업 집중도가 빠르게 상승하면서 1등 기업의 시장 점유율과 수익성 차별화가 빠르게 확대되는 모습을 확인할 수 있다. 이는 과잉 투자 산업인 석탄·철강·화학·기계·자동차는 물론 일반 유통·가전·부동산·금융에서도 공통으로 발생하는 현상이다.

중국 자본 시장은 기관장세 전환과 함께 이러한 변화를 가장 빠르게 반영하고 있다. 중국 A주 시장의 경우 증시 폭락과 함께 개인 투자자가 대거 이탈한 2016년부터 로컬 기관과 외국인이 주도하는 대형 블루칩 장세가 지속되고 있다. 2014년 28%에 불과했던 기관 투자자의 주식 보유 비중은 2019년 48%까지 상승했고 거래 기여율은 2019년 최대 80%까지 상승했다.

2015년 이전 개인 투자자의 거래 기여율이 80%에 육박하면서 극단적인 회전율과 중소형주 선호를 보였던 A주 시장은 2016년 이후 산업 집중도 상승과 함께 기업 실적과 가치 투자를 선호하는 공모펀드와 외국인의 등장에 따라 본격적인 1등 대형주 전성시대가 열리고 있다.

중국 채권 시장도 우량 기업의 전성시대가 열릴 전망이다. 2017~2018년 금융 당국의 강력한 WMP(자산관리 상품) 규제와 하이일드 채권 투자 제한에 따라 우량 채권에 대한 쏠림 현상이 심화되고 있는 것이다. 또한 2018년 채권 시장 개방(채권퉁)과 2019년 외국계 신평사의 위안화 채권 평가 허용에 따라 국제 기준에 부합하는 신용등급 산정, 엄격한 회계 기준과 투명성에 대한 시장의 요구가 계속 높아질 전망이다.

이 과정에서 재무 상태가 부실한 기업들은 자금 확보에 어려움을 겪을 가능성이 높고 채권 시장의 양극화는 계속 심화될 전망이다. 반대로 말하면 해외투자자 입장에서는 검증된 우량 채권을 투자할 수 있는 기회가 확대되는 것이다.

우리는 중국 채권 시장 특유의 로컬 불확실성이 해소될 경우 상대적으로 높은 금리와 위안화 가치 상승에 대한 기대로 인해 외국인의 투자 규모와 범위는 더욱더 확대될 것으로 전망한다.

2015년 이후 전체 업종의 산업 집중도 빠르게 상승

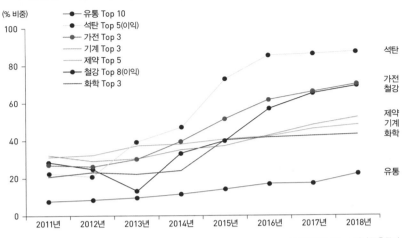

출처: CEIC, Wind, 하나금융투자

중국 로컬과 글로벌 신용평가사 신용등급 편차 큰 편

구분	Domestic rating	Global rating
AAA	507(13%)	0(0%)
AA	3,305(83%)	17(6%)
A	106(3%)	69(23%)
BBB	25(1%)	90(30%)
BB	10(0.3%)	65(22%)
B 이하	6(0.2%)	58(19%)
합계	3,959	399

출처: Credit ratings of domestic and global agencies, BIS, 2017

2020년 투자 환경: 코로나19 이후 정책과 중국 경제의 미래

2020년 중국 경제는 성장률과 고용 측면에서 위기에 봉착했다. 미·중 무역전쟁이 봉합되기가 무섭게 코로나19 충격이 중국을 넘어서 전 세계를 휩쓸었다. 무섭게 확산하는 코로나19를 통제하기 위해 중국은 전국 곳곳을 봉쇄하는 특단의 대책을 시행했다. 이 과정에서 세계 경제의 성장 엔진을 자처해온 중국의 공장들이 일제히 멈춰 섰다.

정부와 기업, 개인이 일제히 멈춰 선 미증유의 위기를 겪은 중국의 처참한 경제 성적표가 발표되고 있다. 1990년 이후로 경제 성장률이 6%를 하회한 사례가 없는 중국은 2020년 '6% 안팎' 성장 목표는 물론 4%대 사수도 매우 어려운 상황에 처했다. 질적 성장과 구조 변화를 감안해도 경제 성장 목표를 유지하기에 어려워 보인다.

2020년 중국 성장률과 주요 경제 지표 전망

(% YoY)	2018년 연간	2019년 연간	2020년 연간	2020년 1/4분기	2020년 2/4분기	2020년 3/4분기	2020년 4/4분기
실질 GDP	6.7	6.1	3.0	−6.8	5.0	6.4	6.6
산업 생산	6.2	5.4	2.9	−8.4	5.0	6.5	6.3
소매 판매	9.0	8.0	3.5	−19.0	5.8	9.3	9.5
고정 투자	5.9	5.4	3.0	−16.1	4.8	6.3	6.1
수출	9.9	0.5	−11.6	−13.3	−20.5	−7	−2.8
수입	15.8	−2.8	−9.3	−2.9	−15.1	−5.3	1.0
환율(기말)	6.86	6.98	6.7	7.09	6.87	6.75	6.7
금리(LPR대출, 기말)	−	4.15	3.6	4.05	3.7	3.6	3.6

* 1/4분기~4/4분기 수치는 당사 예상치

출처: 하나금융투자

중국이 경제 성장률에 목매는 이유는 일자리(고용) 때문이다. 최근 3년의 경제 성장률과 고용 데이터로 산출한 경제 성장률 +1%p당 고용 유발 효과는 222만 명이다. 2020년 중국의 신규 고용은 최소 800~900만 명 보장이 필요하기 때문에 이를 바탕으로 역산한 2020년 경제 성장률은 +3.8~4.0%의 성장이 필요하다.

하지만 대내외적 요인에 의해 2020년 기업의 고용 심리는 과거 어느 때보다 악화됐다. 중국 통계국이 발표한 1/4분기 실업률은 최근 3년 추세인 4.8~5.3%를 훨씬 웃돈 6.2%다. 실업률 +1%p당 실업 인력은 약 261만 명으로 이 실업률 추세가 연내에 이어진다면 500만 명 이상이 실직할 것으로 예상한다. 따라서 고용 보장이라는 정치적 목적의 경제 성장률 하한선은 3.5%이고, 이 마지노선을 사수하기 위한 중국 정부의 총력 대응이 요구된다.

중국의 고용 구조에서 중소기업은 전체 고용의 80% 비중을 차지한다. 외부 리스크에 민감한 중소/민영/수출기업의 충격 완충을 위한 더욱 강력한 부양책이 필수다. 코로나19가 초래한 글로벌 공급 체인의 붕괴와 경기 침체라는 엄청난 도전에 직면한 중국이 어떤 방식으로 난관을 정면 돌파할지가 초미의 관심사다.

중국 정부는 2008년 실책의 교훈을 바탕으로 2020년 경기 부양책 선택과 대응에 대해 다음과 같은 태도를 취할 것이다. (1) 2008년 과잉 정책에 대한 트라우마로 인해 2020년 중국은 미국과 같은 기존 프레임을 완전히 깨는 정책을 시행하지 않을 것이다. (2) 다만 2020년 정치·경제적인 명분과 2008년과 완전히 반대인 경기 침체 사이클을 감안할 때 실제 정책 강도는 2008년에 준할 수 있다. (3) 사이클 측면에서 2008년과

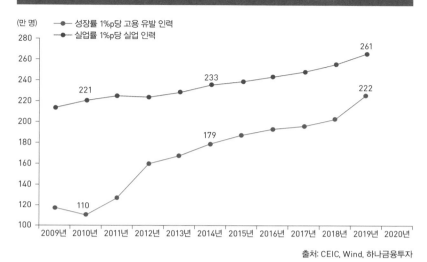

2019년 신규 고용 800~900만 명 보장 위해 4% 성장 필요

(만 명)
- 성장률 1%p당 고용 유발 인력
- 실업률 1%p당 실업 인력

221
233
261
222
110
179

2009년 2010년 2011년 2012년 2013년 2014년 2015년 2016년 2017년 2018년 2019년 2020년

출처: CEIC, Wind, 하나금융투자

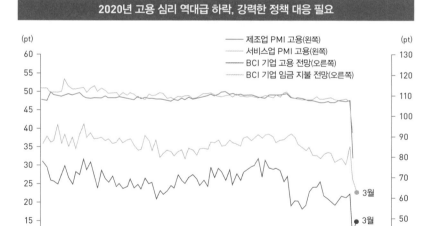

2020년 고용 심리 역대급 하락, 강력한 정책 대응 필요

(pt)
- 제조업 PMI 고용(왼쪽)
- 서비스업 PMI 고용(왼쪽)
- BCI 기업 고용 전망(오른쪽)
- BCI 기업 임금 지불 전망(오른쪽)
(pt)

3월
3월

2013년 2014년 2015년 2016년 2017년 2018년 2019년 2020년

출처: CEIC, Wind, 하나금융투자

2015~2016년보다 더욱 강한 대응이 필요하다. (4) 역대 최대 강도의 재정정책을 통해 GDP 5%p 감소를 완충할 것이다.

현 단계에서 중국의 최대 강점은 재정 여력이다. 중국은 코로나19로 사회와 경제가 혼란스러운 가운데 재정 적자율과 특별채 한도 상향 및 특별 국채 발행(역대 3번째)을 망라하는 역대급 재정정책을 예고했다. 국가적 위기 상황에서 중국은 우선적으로 (1) 성장률 자체보다 고용과 기업의 안정, (2) 재정정책이 메인이며 중앙정부의 레버리지를 통해 통제 가능한 부양책 예고, (3) 정밀한 금융 지원(중소기업)과 완화적인 통화정책, (4) 내수 부양의 핵심은 인프라 투자(전통/신형), 소비는 주로 경기 소비재 대상 공급 측면(규제 완화/보조금/쿠폰)으로 접근하고 있다.

우리는 2020년 중국 경기 부양책의 규모는 최소 14.1%/명목 GDP(14조 위안/99조 위안)를 예상한다. 이는 광의의 재정정책 규모(3월 27일 정치국 회의에서 언급한 재정 적자와 채권 발행 확대 계획)인 9.5%/GDP와 직접적인 금융 지원 규모(통화정책과 승수 효과 제외)인 4.5%/GDP를 합친 것이다. 이 중 중앙정부 차원의 인프라 투자금액 혹은 한도는 최소 3.0%/GDP(특수채+특별 국채), 소비 부양책과 감세 관련 규모는 최소 3.3%/GDP(예산+보험료 인하+특별 국채)로 추정한다.

경기 부양을 위한 특수채 발행 총액은 5월까지 2조 위안으로 이미 2019년 연간 발행액을 넘어섰다. 이는 중국 정부가 프로젝트의 재개를 강제하고, 인력 충원이 정상화되는 2/4분기 인프라 투자 증가율을 V자로 반등시키기 위한 재원을 마련한 것으로 간주할 수 있다. 향후 경기 부양책의 효과는 크게 3가지 지표에서 확인할 수 있을 것이다.

향후 6개월간 대출과 사회융자총액 증가율은 반등할 것이다

단행되거나 예고된 금융/통화정책을 감안할 때 은행권 대출 증가율은 향후 6개월간 현재 12% 증가에서 최대 15%까지 반등하고, 사회융자총액(대출+비은행 융자+채권) 증가율은 현재 10.7% 증가에서 최대 13%까지 반등할 전망이다. 사회융자총액의 경우 상장기업 실적과 연동되는 명목 GDP 성장률을 약 3~6개월 선행한다는 점에서 3/4분기 이후 매출과 이익 추정치가 상향되는 기반을 마련할 전망이다.

인프라 투자는 연간 12% 증가할 것이다

우리는 2020년 중국 인프라 투자가 (1) 특수채 한도와 조기 발행액 확대(각 YoY+90%/+30%), (2) 2020년 토목 공사와 프로젝트 투입 비율을 60% 이상으로 강제해 연간 12% 증가하고, 2017년 이전 정상적인 레벨로 복귀할 것으로 전망한다. 특별 국채 발행과 특수채 한도의 상향 조정을 결정할 경우 투자는 더 탄력을 받을 전망이다. 특별 국채의 경우 1998년에는 4대 은행 자본 확충(0.3조 위안), 2007년에는 투자 공사 설립과 인프라 투자(1.5조 위안)에 활용했었는데, 2020년 발행액의 50% 이상을 인프라 투자 관련 특수채 한도 확대 혹은 중앙정부 자본금 확충에 사용할 것으로 판단한다.

소비 부양책은 자동차 판매의 회복세가 중요한 바로미터다

중앙과 지방정부의 소비 부양책은 주로 단기 효과가 큰 내구재(자동차/가전)와 쿠폰 지급에 집중될 것이다. 기대 효과가 가장 큰 자동차의 경우 향후 예상되는 3가지 정책 옵션, 즉 (1) 노후 차량 교체 지원, (2) 보

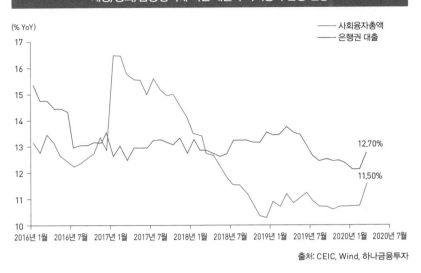

재정/통화/금융정책에 기인 대출과 사회융자 반등 전망

(% YoY)

— 사회융자총액
— 은행권 대출

12.70%

11.50%

2016년 1월 2016년 7월 2017년 1월 2017년 7월 2018년 1월 2018년 7월 2019년 1월 2019년 7월 2020년 1월 2020년 7월

출처: CEIC, Wind, 하나금융투자

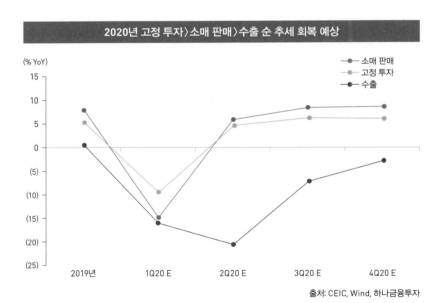

2020년 고정 투자〉소매 판매〉수출 순 추세 회복 예상

(% YoY)

— 소매 판매
— 고정 투자
— 수출

2019년 1Q20 E 2Q20 E 3Q20 E 4Q20 E

출처: CEIC, Wind, 하나금융투자

조금, (3) 번호판 규제 완화를 모두 고려할 경우 전기차를 포함해 최대 510만 대(2019년 판매 2,580만 대의 19.8%)까지 촉진이 가능하다.

2020년 투자 환경: 중국 증시는 어디로 갈까

2020년 중국 A주 시장은 위기(기업 실적)와 기회 요인(유동성/수급)이 공존할 것이나 연간으로 보면 지수 상승 확률이 더 높다고 판단한다. 상반기 상장기업의 실적 전망치가 약 10~20%까지 대폭 하향 조정될 것이나 경기 부양책과 유동성이 지수 하단을 지지하고, 하반기에는 본격적인 경기 반등에 따라 실적 추정치가 U자형으로 상향 조정될 전망이다. 2020년 수급 측면에서 개인·기관·외국인의 순유입 규모가 최근 3년 이내 가장 많을 것으로 예상되면서 하반기부터는 밸류에이션 상승도 기대해볼 수 있다. 우리는 2020년 중국 증시가 글로벌 금융위기였던 2008년 4/4분기~2009년의 상저하고형 회복 패턴과 굉장히 유사한 흐름을 보일 것으로 판단한다.

우선 상반기에는 경제 지표와 상장기업 실적이 속속 발표됨에 따라 이를 반영한 연간 이익 추정치도 큰 폭으로 하향될 수밖에 없다. 역대 연도별 이익 추정치의 변화 경로를 살펴보면, 위기를 겪었던 해인 2008년(글로벌 금융위기), 2012년(유럽 재정위기/반부패 정책), 2018년(무역분쟁/디레버징) 당시의 연간 이익 추정치 하향 조정 폭은 각각 −55%p, −22%p, −10%p였다. 우리는 2020년 이익 추정치의 하향 조정 폭 기준으로 2008년보다는 양호하고 2012년과 가장 유사한 수준을 보일 것으

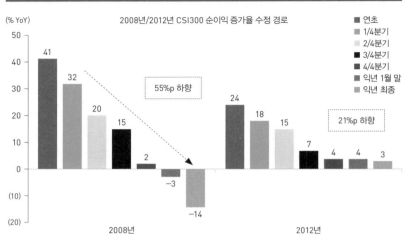

2008년과 2012년 A주 이익 증가율 추정치 대폭 하락

(% YoY)

2008년/2012년 CSI300 순이익 증가율 수정 경로

- ■ 연초
- ■ 1/4분기
- ▨ 2/4분기
- ■ 3/4분기
- ■ 4/4분기
- ■ 익년 1월 말
- ■ 익년 최종

55%p 하향

21%p 하향

2008년: 41, 32, 20, 15, 2, -3, -14

2012년: 24, 18, 15, 7, 4, 4, 3

출처: CEIC, Wind, 하나금융투자

연도별 이익 추정치 변동: 최종 5~10% 감소 예상

연도	연초 예측	1Q 예측	2Q 예측	3Q 예측	4Q 예측	익년 1월	최종 증가율	예측-실제 하향 조정 폭	비고
2008년	41%	32%	20%	15%	2%	-3%	-14%	-55%p	글로벌 금융위기
2009년	28%	17%	20%	26%	27%	26%	24%	-4%p	4조 위안 공급/내수 부양
2012년	24%	18%	15%	7%	4%	4%	3%	-22%p	유럽 재정위기 반부패 정책
2015년	16%	11%	11%	9%	5%	4%	0%	-16%p	중국 자본 시장 신용 버블 붕괴
2016년	13%	5%	3%	2%	2%	1%	-1%	-14%p	공급측개혁
2018년	16%	19%	18%	16%	13%	11%	6%	-10%p	무역분쟁/디레버리징
2019년	20%	16%	17%	15%	15%	13%	–	–	투자 수출 부진 무역 협상 타결
2020년	12%	11%	3.6%	–	–	–	-5%(E)	-17%p(E)	CSI300
2020년	31%	32%	29%	–	–	–	18%(E)	-13%p(E)	심천 중소판

* 연간 이익 증가율 추정치의 분기별 변동

출처: Wind, 하나금융투자

로 판단한다. 2008년은 2002~2007년의 역대급 경기 호황으로 인해 당초 이익 추정치가 너무 높았던 반면, 코로나19 직전 2020년 이익 추정치가 연간 10~12%대 증가 수준이었다는 점에서 최종적으로는 연간 5~10%대 감소일 것으로 전망한다. 물론 이는 14%/GDP 수준의 경기 부양책과 글로벌 팬데믹 사태의 하반기 진정을 전제한 것이다.

한편 하반기까지 풍부한 증시 유동성 유입과 외국인 수급의 복귀는 밸류에이션을 계속 지지할 전망이다. 밸류에이션의 경우 2018년 이후 지수 횡보로 인해 부담이 높지는 않다고 판단한다. 2/4분기 이익 추정치 하향 조정 과정에서 밸류에이션이 상승해 2016년 이후 평균 수준을 상회할 수 있으나, 대형주 중심으로는 부담이 높지 않다. 하반기까지 대형주의 실적 복원력과 기관의 높은 선호에 따라 대형 지수가 중소형 지수 대비 우위를 보일 것으로 전망한다. 우리는 연간으로 CSI300을 최선호 지수로 추천한다.

2020년 주목하는 4대 업종:
신형 인프라, 테크, 건강 소비, 비대면 경제

코로나19를 기점으로 중국은 여러 면에서 큰 변화를 겪을 전망이다. 국가 경쟁력 제고와 취약 산업 육성을 향한 정부의 산업 정책이 달라지고, 코로나19로 인한 인민들의 변화된 생활 속에서 다양한 투자 아이디어와 기회가 주어질 것이다. 2020년 코로나19 이후 주목하는 4대 수혜 업종은 다음과 같다.

7대 신형 인프라: 경기 부양 목적과 중장기 방향성에 부합하는 카드

기존의 전통 인프라 산업으로 대표되던 철강·화학·조선 등의 중후장대 산업의 발전은 중국에서 장기간에 걸쳐 진행돼오면서 포화 산업이 됐고 경제적 효용 가치가 약화된 실정이다. 게다가 중국의 중화학공업은 2016년 이후로 '몸집 줄이기'에 나서며 체질 개선을 도모하고 있다.

'신형 인프라 투자'는 2018년 말 경제공작회의에서 처음 언급된 콘셉트로 2020년 3월 4일 중앙정치국회의와 관영 언론이 확정한 7대 분야를 지칭한다. 이는 중국 정부의 중장기 목표인 질적 성장, 신형 도시화, 공급 개혁(유효 공급 확대)에 동시에 부합하는 (1) 5G 통신, (2) 고속·도시철도, (3) 데이터센터IDC, (4) 산업인터넷, (5) 전기차 충전 설비, (6) AI, (7) 특고압 설비 영역에 대한 투자다.

'신형 인프라 투자' 7대 영역과 관련 밸류체인

신형 인프라 7대 분야	5G 통신	산업 인터넷	IDC	AI	특고압 설비	전기차 충전소	고속·도시철도
관련 밸류체인	기지국 모듈 광섬유	로봇 클라우드 AI	서버 DB 부동산	센서 식별 기술 알고리즘	송전기 변압기	충전소 커넥터	철도 장비 기관차 전동기 (모터)
핵심 기술	PCB, 반도체, 센서, S/W, 알고리즘				전력 제어 시스템 제조 장비		철강 기계 장비

출처: 관영 언론, 하나금융투자

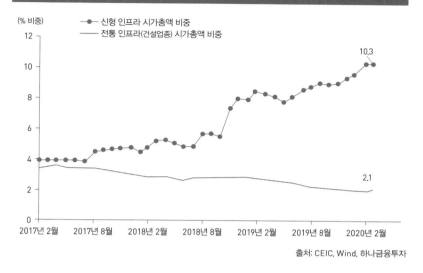

A주 시장 신형 인프라 관련 업종 시총 비중 10% 상회

(% 비중)
- 신형 인프라 시가총액 비중
- 전통 인프라(건설업종) 시가총액 비중

10.3

2.1

2017년 2월   2017년 8월   2018년 2월   2018년 8월   2019년 2월   2019년 8월   2020년 2월

출처: CEIC, Wind, 하나금융투자

실제로 중국 A주 시장에서 '신형 인프라 투자'와 관련된 7개 업종 275여 개 기업의 시가총액 비중은 2018년 말 5.5%에서 2020년 3월 기준 10.3%까지 급상승했다. 향후 3년간 해당 7대 영역의 전체 인프라 투자 비중은 현재 10%에서 17%까지 상승하고, A주 시가총액 비중도 최대 15%까지 상승할 것으로 전망한다.

테크산업: 국가 백년대계를 위한 첨단기술 국산화

중국의 테크산업 발전은 중국 제조업 고도화 프로젝트인 '중국제조 2025'를 시작한 2015년부터 국가 차원에서 계획적으로 추진해왔다. 하지만 초반에는 다른 프로젝트인 '공급측개혁供給側改革'에 가려 빛을 받지 못하다가 본격적으로 주목을 받기 시작한 시기는 아이러니하게도 미·

중 무역전쟁이 시작된 2018년부터다.

무역분쟁이 시작된 이래로 미국은 중국의 장기적 성장 기반 구축을 저지하기 위해 기술 산업 규제에 착수했다. 중국의 양대 통신장비 기업인 화웨이와 중흥통신ZTE의 미국 법인을 조사했고 미국 기업들에게 두 회사와의 거래를 중단하라고 권고 조치했다. 통신장비의 핵심 부품을 미국으로부터 조달받던 중국이었기에 중국은 대체 공급선을 확보하는 데 나섰고, 한편으로 국산화를 통해 첨단산업의 핵심 기술, 부품, 소재 자급도 제고를 결심하게 됐다.

글로벌 공급 체인을 무너뜨린 코로나19의 글로벌 팬데믹은 첨단기술의 국산화를 자극했다. 전 세계가 미국을 필두로 보호무역주의와 자국우선주의가 팽배해진 상태에서 언제든 공급 체인 공격이 감행될 수 있다는 것을 무역분쟁과 코로나19를 통해 경험했고, 중국이 국산화를 결심하는 데 결정적 변수가 됐다.

건강 소비: 13억 인민 건강 프로젝트

코로나19는 경제뿐 아니라 중국인들의 마음과 삶에 상처를 남겼다. 경제는 정부 주도하에 빠르게 회복할 수 있다. 하지만 마음속에 새겨진 상처는 장기간에 걸쳐 남아 있고 삶에 다양한 변화를 가져오기 마련이다. 코로나19를 계기로 중국인들은 건강에 대한 경각심을 다시 한번 되새기게 될 것이다.

중국인들은 면역력 증진을 위한 생활 방식과 건강 기능 식품을 찾기 시작했는데, 이 같은 정보를 공유하기 위해 인터넷 의료 플랫폼으로 모여들고 있다. 중국에서 인터넷 의료 플랫폼은 2013년부터 시작됐으나 각종 규제의 울타리 안에서 성장은 더딜 수밖에 없었다. 인터넷 의료 플랫폼에서는 의학 관련 정보 공유부터 시작해 병원 온라인 접수·수납, 원격 진료, 의약품 처방, 배달, 보험 관리 등 원스톱 통합 서비스 이용이 가능하다.

중국에서는 한국보다 더 강력한 사회적 거리 두기가 시행된 기간 동안 자택에서 진료를 받기 위해 인터넷 의료 플랫폼을 이용한 사용자가 늘어났다. 관련 기업에 대한 투자자의 관심 또한 높아졌다.

비대면 경제: 온라인에서 만든 새로운 생활 방식

코로나19 위기에서도 새롭게 부각된 산업이 있다. '사회적 거리 두기'가 사람과의 거리를 멀어지게 했지만 사회적 본능 혹은 필요에 의해 관계를 유지하기 위한 시스템에 관심을 가지기 시작했다. 인터넷을 기반으로 한 클라우드 세상에서 사람들은 타인을 접촉하는 수단을 찾았고 '비대면 경제'가 활성화되었다.

그 결과 비대면 오피스부터 시작해 비디오 커머스, 음식 배달, 교육 등이 온라인상에서 진행됐다. 실제로 코로나19로 사회 활동이 격감한 상황에서도 중국의 온라인 소비는 YoY+3%로 성장세를 유지하며 오프라인 대비 상대적으로 선방했다.

반강제적으로 체험하게 된 비대면 서비스에서 사람들은 경제적 효과를 체험하게 되면서, 코로나19 이후에도 비대면 시스템에 대한 부분적 도입을 통해 기존보다 활용도가 높아질 것이다. 중국의 비대면 서비스를 제공하는 기업은 신생 벤처기업들이 많아 본토 A주 시장 상장보다 미국 ADR로 상장된 기업이 다수다.

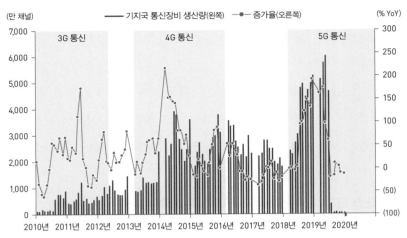

5G 통신장비 생산 빅 사이클 시대 개막

(만 채널) ── 기지국 통신장비 생산량(왼쪽) ─●─ 증가율(오른쪽) (% YoY)

3G 통신 　4G 통신 　5G 통신

2010년 2011년 2012년 2013년 2014년 2015년 2016년 2017년 2018년 2019년 2020년

출처: wind, 하나금융투자

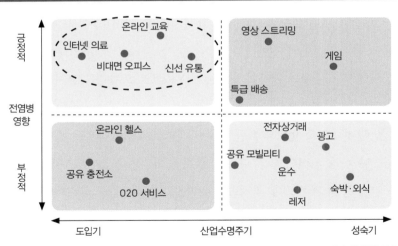

코로나19 위기 속 비대면, 온라인 산업은 수혜

긍정적

온라인 교육
인터넷 의료
비대면 오피스　신선 유통

영상 스트리밍
게임
특급 배송

전염병
영향

부정적

온라인 헬스
공유 충전소
O2O 서비스

전자상거래　광고
공유 모빌리티
운수
숙박·외식
레저

도입기　산업수명주기　성숙기

출처: 하나금융투자

2020년 중국 채권 시장과 디폴트 리스크 진단

2020년 중국 채권 시장은 시중금리의 '상저하안정' 패턴 가능성을 감안할 때 상반기 기회 요인이 하반기보다 클 것으로 판단된다. 그러나 중장기 구조적인 변화와 기회를 더 주목해야 한다. 대외개방 확대로 인한 외국인과 로컬 기관의 구조적인 수요와 채권별 양극화 확대로 옥석 가리기가 본격화될 전망이다.

본격적인 기관 장세와 그림자 금융 규제, 신용평가 제도의 대외개방과 개혁에 따라 유통 시장은 국채와 지방채, 국유기업과 민영기업, 공사채와 회사채 시장의 양극화를 빠르게 반영하고 있다. 중장기적으로 (1) 글로벌 주요국 대비 금리 차와 위안화 절상 가능성에 따라 중국 국채와 우량 국유기업, 지방채에 대한 투자 메리트, (2) 일반 회사채 유통 시장의 양극화로 인한 디폴트 증가와 우량기업 쏠림 현상, (3) NPL 시장 개방에 따른 외국인 투자 기회 등이 주목된다.

한편 2020년 중국 시중금리는 '상저하안정' 패턴을 예상한다. 연초 이후 인민은행의 기준금리 인하 폭은 2019년 8월에 도입된 LPR_{Lone Prime Rate} 대출금리 기준 30bp 인하에 불과했지만, 시중금리는 유동성 공급과 경기 충격을 선제적으로 반영하며 국채 3년 기준 YTD −81bp(5월 29일 기준), 국채 10년 기준 −42bp, 은행 간 차입금리인 SHIBOR 3개월 기준 −154bp 하락했다. 우리는 인민은행이 2020년 3/4분기까지 LPR 대출금리를 추가로 20~30bp까지 인하하고, 시중금리는 3/4분기 이전까지 약 20~40bp 추가 하락할 것으로 전망한다.

1/4분기에 풍부한 유동성 공급과 시중금리 하락에도 불구하고 회사

2020년 기준금리, 최대 30bp 추가 인하 예상

국채 3년 금리(왼쪽)
명목 GDP 성장률(오른쪽)

출처: CEIC, Wind, 하나금융투자

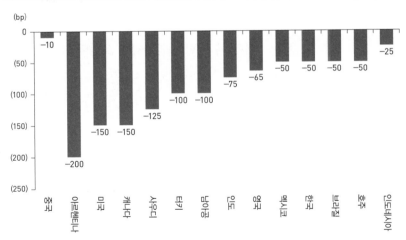

2020년 1/4분기 국가별 기준금리 인하 폭

(bp)

−10
−200
−150
−150
−125
−100
−100
−75
−65
−50
−50
−50
−50
−25

출처: CEIC, Wind, 하나금융투자

채 유통 시장에서 디폴트 압력은 점차 높아지고 있다. 매크로 유동성과 발행 시장 대비 향후 리스크를 더 크게 반영하고 있는 것이다. 민영기업의 발행 비중이 높아 가장 취약하다고 보는 회사채(중국명 산업채)의 신용 스프레드는 1~2월에 하락한 이후 3월부터 재차 확대되고 있으며, 신용등급과 산업별 양극화도 계속 심화되고 있다. 2월 이후 신용 스프레드가 주체와 등급 상관없이 확대된 산업은 전자·비철금속·자동차·제지·공항·항공 등으로 국가 전략 산업과 대표 기업도 예외가 아니다.

실제로 중국의 대표적인 산학 전자기업인 '북대방정北大方正그룹'은 2월에 디폴트가 발생했으며, 4월에는 '반도체 기대주'로 알려진 '칭화유니清華紫光그룹'이 발행한 채권의 가격이 급락하며 유동성 위기설이 부각되고 있다. 회사채 만기가 집중되는 2020년 2/4분기~3/4분기에 디폴트 발생 기업 수가 급증할 수 있으나, 단기적으로 금융 당국의 회사채 매입과 대출 만기 유예 등 비상 조치들이 단행될 수 있어 실질적인 디폴트 위험은 2019년과 유사할 것으로 전망한다.

먼저 공포를 이겨낸 나라가
새로운 지위를 얻는다

이벌찬 | 〈조선일보〉 국제부 기자로 베이징대학 신문방송학과를 졸업했다. 〈조선일보〉 사회부·미래기획부를 거쳤다. 17년 동안 중국 지린성·랴오닝성·베이징 등지에서 거주한 경험이 있는 중국통이다. 2020년 3월에는 북중 접경 지역을 누비며 심층 취재한 결과물인 《북중 머니 커넥션》을 펴냈다.

원나라 전성기(1330년대)에 후베이성에서 신종 전염병이 퍼졌다는 기록이 있다. 당시 후베이성 인구 90%가 이 병으로 사망했다는 추정이 나온다. 1340년대 후반에는 후베이성과 같은 행정 구역(호광행성湖廣行省)이었던 후난성, 광둥성, 광시좡족자치구를 중심으로 원나라 전역에 번졌다. 10년이 채 안 되는 기간 동안 1억 2,000만 인구의 30%가 이 병에 걸려 사망한 것으로 알려졌다. 전염병의 후폭풍은 거셌다. 몽골 황실이 물러나며 원나라가 멸망했고, 몽골군은 유럽에 흑사병을 퍼뜨려 유럽 인구 3분의 1을 몰살시켰다.

이 병의 이름은 흑사병Black Death이다. 흔히 서방을 초토화한 전염병으로 여기지만, 알고 보면 동아시아에도 극심한 피해를 끼친 팬데믹이다. 14세기 흑사병의 발원지는 중국과 함께 중앙아시아 국가인 키르기스스탄이 유력하게 거론된다.

역사는 반복된다. 700년이 지난 뒤 후베이성에서 또다시 이름 모를 전염병이 창궐했다. 병명은 코로나19다. 과거 흑사병이 후베이성에서 시작돼 원나라 전체로 퍼져나갔듯 코로나19도 중국을 흔들고 세계를 덮치고 있다.

14세기 흑사병 팬데믹과 21세기 코로나19 팬데믹은 얼마나 다른 결말을 갖게 될까. 그때도 오늘도 팬데믹은 세계를 공포로 몰아넣고 있다. 각국 정부는 전염병 확산을 늦추기 위해 사력을 다하고 있다. 다른 점은 오늘날 세계는 과거보다 훨씬 더 긴밀하게 연결됐고 바이러스든 공포든 훨씬 더 빠르게 퍼진다는 점이다.

과거의 재앙이 코로나19 팬데믹에 휩싸인 동아시아에 메시지를 던진다. 전염병 대처에 성공하는 나라만이 살아남는다. 먼저 공포를 이겨낸 나라는 새로운 지위를 얻는다.

역병이 돌면 임금이 떨었다

동아시아 역사는 '역병과의 사투'로 점철됐다. 전란·가뭄·홍수 등이 백성들의 터전을 휩쓸고 나면 어김없이 큰 역병이 돌아 수많은 희생자가 발생했다. 외부에서 유입된 세균과 바이러스, 열악한 보건 위생 환경, 낮아진 백성들의 면역력이 합쳐진 탓이다.

민심이 가장 흉흉해질 때가 바로 전염병이 창궐한 시기였다. 사지에 몰린 백성들의 반란이 잦아 왕조가 교체되는 일이 흔했다. 전염병으로 취약해진 국방을 틈타 주변국이 침략해오기도 했다. 이 때문에 전염병 치리는 최고 통치자의 최우선 목표일 수밖에 없었다.

중국은 고대부터 전염병을 두려워했다. 3600년 전 상商나라의 갑골문에 전염병을 암시하는 한자 '질疾'과 '병病'이 최초로 등장했다. 주周나라 역사서에는 '대역大疫: 유행하는 역병'이란 단어가 자주 등장한다. 수隋나라 말기부터 당唐나라 초기까지 40년 동안 중국에 7차례나 큰 전염병이 돌았다는 기록도 있다. 수양제는 전염병이 창궐했는데도 고구려 원정에 나섰다가 크게 패해 왕조의 교체를 불렀다.

전염병은 중국의 패권 구도를 바꾸기도 했다. 오늘날 중국의 일부가 된 위구르제국의 멸망은 탄저병이 도화선이 됐다. 탄저병은 보통 초식 동물에게 패혈증을 일으키지만, 동물과 직접 접촉한 사람에게도 옮는다. 당나라를 능욕할 만큼 강대했던 위구르제국은 840년대에 중앙아시아 일대를 휩쓴 탄저병으로 회복할 수 없는 타격을 받았다. 가축 중심 경제체계가 무너지면서 백성들은 생계 수단이 끊겼다. 많은 사람이 굶주림 속에 탄저병에 옮아 목숨을 잃었다. 이때를 틈타 시베리아에서 키르기스족이 쳐들어왔고 위구르제국은 멸망하게 됐다.

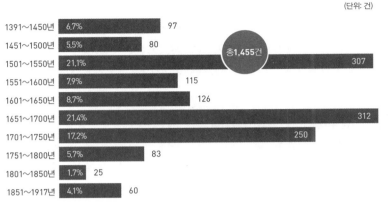

출처: 이준호, "조선시대 기후변동이 전염병 발생에 미친 영향", 〈한국지역지리학회지〉, 2019

위구르족은 이후 다시는 동아시아 역사에서 주역으로 등장하지 못한다. 거란족·여진족·몽골족 등 여러 민족의 지배를 받다가 1759년 청나라에 패망해 중국 영토로 남게됐다. 전염병의 여파로 위구르제국이 중국의 신장위구르자치구로 남게 된 것이다.

전염병에 대한 우리나라 최초의 기록은 《삼국사기》에 나와 있다. 온조왕 4년(기원전 15년) 기록이다. 짧게 '역疫'이라고 돼 있다. 이후 삼국 시대와 통일신라 시대 역병 기록은 통틀어 20여 차례로 보인다(허정, "우리나라 질병사 서설", 〈과학사상〉 43, 2002, pp.123~149).

《조선왕조실록》에서는 전염병에 대한 기록을 1,400여 건 이상 찾아볼 수 있다. 태조 5년(1396)에는 도성을 쌓기 위해 소집한 인부들에게 전염병이 유행했고, 세종 16년(1434)에는 발진티푸스와 장티푸스가 퍼졌다.

인접한 중국으로부터 전염병이 전파된 사례가 많았다. 중종 19년(1524)에는 명나라와 교역이 활발한 평안북도 용천군에 티푸스가 돌기 시작해 삽시간에 평안도·황해도까지 퍼졌다. 1년 만에 전국의 2만 3,000명이 사망했다. 임진왜란(1592~1598)과 병자호란(1636~1637)이 휩쓸고 간 뒤인 현종 11년(1670)에는 경신대기근과 함께 장티푸스가 돌아 1년 만에 약 100만 명이 사망했다.

가장 참혹한 전염병의 시대는 숙종 때였다. 숙종 재위 기간(1674~1720)에 매년 전염병이 25회 발생했다. 《숙종실록》은 1693~1699년 당시 인구의 20%인 141만 6,274명이 사망했다고 기록한다. 1683년에는 숙종이 천연두에 걸리자 숙종의 어머니 명성왕후가 무당의 말을 믿고 한겨울에 소복 차림으로 물벼락을 맞으며 정성을 드렸다가 병을 얻어 목숨을 잃었다. 영조 시대에도 "전염병이 만연해 민간의 사망자가 50만, 60만이나 됐다"는 기록이 있다(이준호, "조선시대 기후변동이 전염병 발생에 미친 영향─건습의 변동을 중심으로", 〈한국지역지리학회지〉 25(4), 2019, pp.425─436).

임금들은 반드시 전염병 환자 구제에 대한 대책을 세워야 했다. 《세종실록》(1432)에서는 "민간에 전염병이 발생하거든 구제해 치료해주라는 조항을 여러 번 법으로 세웠다. 하지만 각 고을의 수령들이 하교의 취지를 살피지 않아 금년은 전염병이 더욱 심하건만 구료救療하기를 좋아하지 않으니, 일찍이 내린 각 년의 조항을 상고해 구료해 살리도록 마음을 쓰라"고 기록돼 있다.

다양한 치료법도 개발해 백성들에게 전파했다. 중종은 《간이벽온방》(1525), 명종은 《황달학질치료방》(1550)이란 치료법을 배포했다. 또한 전쟁 때마다 질병이 만연하자 광해군은 《벽온방》(1518)을, 효종은 《벽온신방》(1653)을 지어 근절책을 내렸다. 전염병이 많이 돌 때는 나라에서 여귀에 지내는 제사인 '여제'를 올렸다.

원나라를 멸망시킨 흑사병

동아시아를 덮친 최초의 팬데믹 공포는 14세기 흑사병*이다. 흑사병은 페스트균에 감염된 쥐의 벼룩이 사람을 물어 전파됐다. 사람 간에는 환자의 침방울을 통해 전염된다. 감염된 사람의 피부가 검게 변하는 것이 특징이다.

흑사병 공포는 중국 후베이성에서 시작됐다. 1340년대 후반에는 후난성, 광둥성, 광시를 거쳐 원나라 전역에 번졌다. 1350년대 중반까지 원나라 인구 약 1억 2,000만 명의

---

*　흑사병은 여러 시대에 걸쳐 세계적으로 대유행했다. 이 글에서 지칭하는 흑사병은 14세기에 창궐한 흑사병을 뜻한다.

30%가 병에 걸려 사망했다.

　어떻게 후베이성에서 흑사병이 번지기 시작했을까. 당시 동아시아 신흥 세력이었던 몽골군이 중국 침략 과정에서 후베이성에 전파했다는 설이 있다. 몽골이 중국 북부 금나라(1115~1234)와 남송(1127~1279)을 차례로 무너뜨리는 와중에 퍼뜨렸다는 것이다. 라시드 앗 딘Rashīd al-Dīn이 페르시아어로 기록한 《집사集史》의 '몽골 제국사'에서는 남송 원정을 이끌던 몽골제국의 칸(칭기즈 칸의 손자) 몽케가 1259년 여름 '바바'라는 전염병에 걸려 사망했다는 기록이 있다. 바바는 흑사병으로 추정되는 병이다.

　원나라 왕실은 흑사병 앞에서 속수무책이었다. 적은 숫자의 몽골족으로 넓은 중국을 통치했던 터라 빠르게 대응하기가 어려웠고, 고위 관료들은 죽음의 병이 옮을까 봐 각지로 뿔뿔이 흩어져 리더십 위기가 커졌다. 10여 년 동안 7명의 황제가 전염병으로 숨지거나 바뀌었다.

　원나라 백성들은 흑사병의 고통을 견디다 못해 왕실에 반기를 들었다. 가뭄으로 기근까지 겹친 상황에서 수습할 길이 없는 성난 민심은 홍건적의 난을 필두로 전국의 반란에 불을 붙였다. 나라는 빠르게 무너졌다. 홍건적의 지휘관인 주원장은 권력이 약해진 틈을 타서 손쉽게 명나라를 건국했다. 원나라 왕실은 몽골고원으로 물러났고, 한족 중심의 명나라가 비극 속에 태어났다.

몽골군이 유럽에 퍼뜨린 죽음

중국에서 왕조를 교체한 흑사병은 곧장 세계로 퍼져나갔다. 중국을 침략했던 몽골군이 계속해서 유럽으로 세력을 확장했기 때문이다. 세계의 무역 상인들이 중앙아시아, 인도, 유럽을 다닌 것도 병의 확산을 부추겼다. 한때는 페스트균을 갖고 있는 쥐가 배를 타고 이동하면서 콜레라가 세계에 퍼졌다는 주장이 정설처럼 받아들여지기도 했다. 그러나 최근 연구 결과들은 일제히 콜레라의 세계 전파는 쥐가 아니라 사람의 이동 때문이라고 한다. 결국 '전쟁과 교역'이 전염병을 세계로 퍼뜨린 것이다.

흑사병의 유럽 전파는 원나라에서처럼 몽골군이 직접적인 원인이다. 1347년 흑해 연안과 크림반도까지 흑사병이 번졌을 당시 '카파Kaffa, 오늘날의 페오드시아Feodsia'로 불리던 도시는 이탈리아 제노바 상인들의 무역 거점이었다. 카파 인근에는 몽골족이 세운 킵차크한국이 있었다. 이 나라의 군주인 자니베크 칸은 카파의 상인들과 분쟁이 벌어지자 4만 병력으로 도시를 포위했다. 그러다 킵차크한국 군대에 역병이 돌자 칸은 투석기를 이용해 병들어 죽은 병사들의 시체를 성안으로 던져 넣었다. 현대전에서나 볼 수 있는 세균전을 감행한 셈이다.

카파 상인들이 탄 배는 거대한 흑사병 지옥이 됐다. 흑해와 지중해를 거쳐 2,500㎞를 항해한 끝에 이탈리아 제노바에 도착했다. 귀환선은 당연히 전염병으로 신음하는 환자와 사망한 사람들이 남긴 균으로 가득 차 있었다. 배가 도착한 다음해인 1348년 유럽 전역에 흑사병이 퍼졌다.

"역사를 바꿨다"는 말이 나올 만큼 흑사병은 14세기 서구 세계에 극심한 인명 피해를 낳았다. 당시 유라시아 대륙에서 7,500만 명 이상이 사망한 것으로 추정된다. 4억 7,500만 명 정도였던 14세기 세계 인구는 흑사병이 지난 뒤 3억 4,500만~3억 7,500만 명으로 줄었다. 중국에서 원나라를 무너뜨린 흑사병이 유럽도 무릎을 꿇게 한 것이다.

흑사병 수준의 살상력을 가진 전염병은 다시 오지 않을 것 같았지만 그렇지 않았다. 놀랍게도 700년 가까이 지난 뒤에 강력한 신종 전염병이 또다시 후베이성에서 창궐했다. 흑사병이 중국 후베이성을 초토화시킨 다음 세계로 퍼져나갔듯이 2019년 12월 코로나19는 후베이를 넘어 중국을 흔들고, 지체 없이 서방 세계를 덮쳤다. 불과 100일 만에 세계 확진자는 150만 명을 넘었고, 사망자는 9만을 돌파했다. 중국의 피해 규모보다 미국과 유럽 등 서방 국가들의 피해가 더 커지는 상황에 이르렀다.

흑사병 창궐 당시와 비슷하게 코로나19에 가장 큰 타격을 입은 국가들은 선진 문명을 자랑하는 미국과 유럽이다. 달라진 점이 있다면 병의 확산이 더욱 빨라졌다는 것이다. 14세기 흑사병은 북유럽 끝자락에 도달하는 데 4년이 넘게 걸렸지만, 코로나19는 한 달 만에 전 세계로 퍼졌다.

흑사병이 남긴 교훈은 '전염병을 통제하지 못하는 국가는 멸망했다'는 것, '대립과 전쟁은 전염병을 막지 못했다'는 것이다. 흑사병을 통해 전 세계는 전염병이 그 어떤 전쟁보다 강력하다는 사실을 깨달았다. 한 나라의 흥망성쇠를 결정하는 것은 물론이고, 세계의 경제·정치 구도를 크게 흔들었기 때문이다.

조선과 일본에 퍼진 '콜레라 공포'

동아시아에서 흑사병 다음으로 치명적이었던 팬데믹은 콜레라였다. 인도 풍토병이던 콜레라는 1817년 콜카타에서 영국 군 5,000명을 1주일 만에 몰살시켰다. 영국 군은 병원균을 실어 날라 2년 뒤 유럽에 콜레라를 퍼뜨렸고, 1820년에는 중국 광둥성까지 번졌다. 1821년에는 중국 산둥성과 베이징을 거쳐 우리나라에 퍼졌다. 이듬해에는 일본과 아시아 전역에 유행돼 수많은 사람이 희생됐다. 조선에 들어온 콜레라에 대해 《조선왕조실록》은 "이 병에 걸린 사람 10명 중 한두 사람도 살아남지 못했다"라고 기록하고 있다.

콜레라도 무서웠지만, 그보다 더 무서운 것은 콜레라에 대한 공포였다. 《조선왕조실록》에는 당시 서울과 지방을 합쳐 사망한 사람의 숫자가 수십만에 이른다고 기록하고 있다. 그러나 조선 정부가 작성한 1819년부터 3년간의 인구 변화 수치를 보면 인구 감소

규모는 4만 명에 그친다. 콜레라 희생자가 물론 이보다야 훨씬 많았겠지만, 사망자 수십 만은 과장된 기억일 가능성이 있다. 이러한 수치의 간극은 지금껏 경험하지 못했던 질병에 대한 공포가 사람들에게 얼마나 크게 다가왔는지를 반영한 것이다(김신회, "19세기 콜레라 충격과 조선 사회의 반응", 〈한국역사연구회〉, 2016년 9월).

콜레라 공포는 파급 효과가 길고 컸다. 1845년 조선에 건너온 선교사 다블뤼(안돈이) 프랑스 신부는 "조선인들은 그 이야기를 할 때면 벌벌 떤다. 어디를 가나 죽음이요, 약은 하나도 없었다. 어떤 가정이든지 초상이 나고 시체가 있으며, 가끔 행길에 송장이 즐비한 경우도 있었다"라고 말했다. 1821년에 콜레라가 발생하고 한 세대가 지났는데도 조선인들의 의식 속에서는 여전히 공포가 사라지지 않고 있었던 것이다.

콜레라는 조선에서 반란의 불씨가 됐다. 치료법을 알 수 없는 질병이 하층민 가슴에 공포를 남긴 상황에서 멈추지 않던 지배층의 수탈은 동학운동을 일으켰다. 최제우는 동학이란 종교를 조선 사회에 세우면서 "우리나라는 악질이 세상에 가득해 백성들이 한시도 편안한 날이 없으니, 이 또한 상해의 운수이다"라고 말했다. 그러면서 "한울님을 공경하면 우리나라에 3년 동안이나 극성을 부리던 괴질(콜레라)에 걸려 죽을 염려가 없을 것이다"라고 말했다(김신회, "19세기 콜레라 충격과 조선 사회의 반응", 〈한국역사연구회〉, 2016년 9월).

일본에서도 콜레라로 사람들이 죽어갔다. 일본 정부는 1822년에 콜레라 대유행 이후 반복되는 콜레라 확산에 대해 적극적인 대응을 하지 못했다. 1858년에 콜레라의 유행은 서방국 사람들의 입국을 제대로 막지 못한 것이 원인으로 꼽히기도 했다. 도쿠가와 막부는 콜레라를 염려해 배를 타고 일본에 들어오는 미국·영국 등 서방 사람들에 대해 검역을 하겠다고 했지만, 협조를 받지 못하자 무력하게 국경을 열었다(이종찬, "메이지 일본에서 근대적 위생의 형성 과정", 〈의사학〉 12권 1호, 2003, pp.34–53). 당시 서구 사회에서는 해외 무역으로 부를 쌓은 신흥 중상주의자들이 미신에 가까운 '독기론(사람이 아닌 물질 부패로 인한 질병 발생)'을 내세우며 일본을 압박했다. 일본이 대대적인 검역을 하면 무역 수익이 줄어들 것을 염려해서였다.

그러나 1870년 후반 일본에서 콜레라가 다시 유행했을 때는 상황이 달라졌다. 메이지 정부가 사태를 정부의 최대 위기로 받아들였기 때문이다. 1879년과 1886년 콜레라의

2차례 유행은 각각 10만 명 이상의 사망자가 발생했을 정도로 심각했다.

일본은 콜레라 퇴치를 위한 시스템 개혁에 나섰다. 중앙의 상명하복식의 방역 조치를 탈피해 민간 조직을 통한 아래로부터의 대응에 집중하기 시작했다. 근대적 위생 행정 체계를 확립한 것이다(신규환, "1870~1880년대 일본의 콜레라 유행과 근대적 방역체계의 형성", 〈사림〉 64호). 이때 일본의 위생 경찰 등 제도를 적극 도입하면서 일선에서 전염병 확산을 전문적이고 체계적으로 관리하는 문화가 굳어졌다.

전염병 공포를 국가 위기로 인식하고 국가 시스템을 바꾼 사례다. 전염병은 사라져도 공포는 쉽게 사그러들지 않는다. 한 나라가 공포를 없애려면 '시스템 혁신'의 의식 정도는 치러야 하는 것이다.

3·1운동을 촉발시킨 에스파냐독감

일제 강점기(1910~1945)에 일어난 3·1운동은 에스파냐독감과 의외의 연관성이 있다. 에스파냐독감은 흑사병 이래 세계에서 가장 많은 사람의 목숨을 앗아간 전염병이다. 1918~1920년 사이 5억 명이 감염돼 1차 세계대전 사망자인 3,300만 명보다 많은 5,000만~1억 명의 희생자를 냈다.

우리나라에서 에스파냐독감은 '무오년(1918)독감'으로 불렸다. 발원지인 미국에서 발현된 해에 우리나라도 퍼졌다. 조선에서만 14만 명의 희생자를 냈다.

일본 총독부는 조선에 에스파냐독감이 창궐했는데도 초기 대처에 무관심했다. 식민지 통치의 주요 명분으로 건강한 사회 조성과 전염병 관리 등을 내세웠던 총독부로서는 큰 실책이었다. 독감이 본격적으로 퍼지자 일본은 전염병 소식이 민심을 흉흉하게 만들 것을 우려해 언론을 통제하기 시작했다. 정보는 봉쇄되거나 왜곡됐다. 정보가 통제된 사회에서 전염병은 거침없이 퍼져나갔다. 일본 당국으로부터 정보를 받은 바가 없어 현재 정확한 환자와 사망자 수를 파악하는 것은 불가능했다. 인구의 4분의 1에서 2분의 1이 감염되었을 것으로 추정한다. 교사와 학생들의 발생률이 높아 대부분 학교는 문을 닫았다(양일석, "1918년 한국 내 인플루엔자 유행의 양상과 연구 현황: 스코필드 박사의 논문을 중심으로", 〈의사학〉 31호, 2007).

결국 일본의 전염병 관리 실패는 조선인들의 민심을 들끓게 했다. 조선총독부의 독감 방역 실패로 일상적인 죽음을 목격하게 된 한국인들이 일제의 무단 정치 10년의 절망감을 분노로 표출할 수밖에 없는 상황에 도달했다(김택중, "1918년 독감과 조선총독부 방역정책", 〈인문논총〉 74권 1호, 2017). 백성들은 독립을 외치며 분연히 일어났다. 3·1운동 이후 전국에서 시위가 일어났다. 일본 총독부의 발표에 따르면, 집회 회수 1,542회, 참가 인원 수 202만 3,089명, 사망자 수 7,509명, 부상자 수 1만 5,961명, 검거자 수 5만 2,770명, 불탄 교회 47개소, 학교 2개교, 민가 715채. 미국에서 발현한 에스파냐독감이 지구 반대편에서 3·1운동의 기폭제가 된 것이다.

전염병 인큐베이터가 된 현대 중국

현대에 들어 동아시아 팬데믹은 주로 중국에서 발현했다. 전염병을 연구하는 역학에서는 여러 대륙에 걸쳐 전 세계에 병이 퍼지는 경우를 팬데믹이라 부른다. 동아시아 국가들은 중국에서 시작된 전염병 여파를 정기적으로 마주하고 있는 형국이다. 희생자 200만 명의 1957~1958년 아시아독감, 100만 명의 1968~1969년 홍콩독감, 2003년 사스, 2010년 조류독감, 2019년 코로나19가 모두 중국을 휩쓴 뒤 주변 국가로 퍼져나갔다.

자주 등장하는 중국 지역이 광둥성이다. 전문가들 사이에서는 광둥성이 신종 전염병이 자주 출현하는 지역으로 인식될 정도다. 날씨가 따뜻하고 토지가 비옥한 데다 중국에서 살기 좋은 부촌으로 꼽히는 지역인 것은 생각하면 의외다. 에스파냐독감 이후 인플루엔자 계통의 팬데믹은 4번 발생했는데 이 중 1957년 아시아독감과 1968년 홍콩독감이 광둥성에서 발현됐다. 1997년 홍콩에서 발생한 조류인플루엔자H5N1 바이러스와 2003년 사스도 광둥성에서 가장 먼저 관찰됐다.

왜 광둥성에서 팬데믹이 반복적으로 발생하는 것일까. 광둥성의 특수한 상황과 관련 있다. 중국은 세계의 가금 공장으로 약 140억 마리의 닭·오리·거위를 사육하고 있는데 광둥성에서만 수십억 마리의 가금을 키운다. 광둥성에서는 마당에 닭·오리·돼지 등을 풀어놓고 사육하는 모습을 볼 수 있다. 다양한 가축이 빈번하게 접촉할 수 있는 여건이 마련된 것이다.

연도	병명	사망자 수	발생지·특징
			현대 중국에서 발현한 대규모 전염병
1957	아시아독감	200만 명	중국 남부에서 1957년 2월에 발생해 홍콩을 거쳐 세계로 확산됐다. 돼지에서 조류 바이러스+인간 바이러스가 뒤섞여 출현한 것으로 추정한다.
1968	홍콩독감	100만 명	중국 남부에서 1968년 7월에 출현해 세계로 퍼져나갔다. 아시아독감과 비슷하게 돼지에서 조류 바이러스+인간 바이러스가 섞여 발생한 것으로 추측한다. 베트남전쟁에 참전한 미군이 귀국하면서 미국에 확산됐다.
1997	H5N1	454명	중국 광둥성에서 1996년 처음 보고됐다. 3가지 조류인플루엔자바이러스가 재조합돼 출현한 것으로 추정한다. 1997년 5월에 홍콩 재래 시장에서 18명에게 전파됐고, 이후 아시아와 아프리카로 퍼져 2017년까지 860명 감염, 454명이 사망했다. 치사율이 높지만 전염성은 낮다.
2003	사스	775명	중국 광둥성의 한 재래 시장에서 2002년 11월 처음 발견됐다. 중국관박쥐에서 기원한 것으로 추정된다. 감염자는 심한 독감과 폐렴 증상을 보인다. 세계 38개국에서 8,273명이 감염되고 775명이 사망했다.
2019	코로나19	?	중국 후베이성 우한에서 2019년 12월 처음 보고됐다. 고열과 기침을 동반한 폐렴 증상이 특징이다. 2020년 4월 기준 전 세계 150만 명이 감염되고 9만 명이 사망했다.

이런 사육 환경은 신종 바이러스가 출현하기 좋은 여건을 제공한다. 오리·기러기 등의 야생 철새가 지닌 인플루엔자바이러스가 가끔 오리나 닭의 바이러스와 재조합돼 새로운 바이러스를 만드는 식이다(최강석, 《바이러스 쇼크》, 매일경제신문사, 2016). 가끔 조류와 돼지가 빈번하게 접촉하는 과정에서 조류의 인플루엔자바이러스와 돼지의 인플루엔자바이러스가 돼지의 몸에서 섞이기도 한다.

또 하나의 이유는 광둥성이 사통팔달한 대도시라는 점이다. 대도시는 인구 밀집과 대중교통 발달, 공동 활동 공간의 증가 등으로 수많은 사람이 직간접적으로 접촉한다. 이런 환경에서는 인플루엔자, 홍역, 결핵 등 호흡기 질병이나 전염성이 강한 전염병의 유행을 촉발한다.

국제 교류가 활발한 것도 전염병 확산의 이유가 된다. 광둥성은 아시아와 다른 대륙을 연결하는 국제 교류 허브인 홍콩과 가까이 있다. 그래서 광둥성에서 시작된 전염병은 빠르게 세계로 퍼져나갔다. 실제로 사스는 광둥성에서 온 1명의 감염자가 홍콩을 방문하면서 국제적으로 확산하는 데 도화선이 됐다. 광둥성에서 전염병을 제조하고 홍콩에서 유통하는 꼴이다.

사스의 교훈

2003년 2월 1일 중국 최대 명절인 춘제(중국의 설) 연휴 기간, 가족들과 모인 광둥성 주민들의 휴대전화에 '괴질로 사람이 죽어간다'는 문자가 오기 시작했다. 길거리마다 사람들이 식초를 뿌리는 행동이 눈에 띄었다. 질병의 공포 속에서 식초의 소독 효과라도 의지해보려고 한 것이다.

의문의 괴질은 한참 뒤에야 중증급성호흡기증후군SARS으로 밝혀졌다. 2002년 11월 16일 광둥성 포산에서부터 번지기 시작했지만, 몇 달이 지나도록 사람들은 실체를 모르고 감염 위험에 노출돼 있었던 것이다. 첫 언론 보도는 발병 45일 후인 2003년 1월 말이었다. '괴질이 발생했다'고 한 지방 언론이 보도한 것이 전부였다. 쉬쉬하다 보니 방역 조치는 허술했고, 국민들은 지침도 없이 자구책을 마련하느라 어수선했다. 중국 당국은 발병 5개월 만인 4월 10일에야 사스 발생을 공식적으로 인정했지만, 당시에도 환자 규모를 축소해서 발표하는 데 집착했다. 사망자가 속출하는 시점에도 중국 당국은 "베이징은 안전하며 사스는 곧 억제될 것"이라고 선전했다.

결국에 사스는 수도 베이징을 마비시키고 순식간에 세계로 퍼졌다. 중국에서 한 번 걷잡을 수 없이 퍼지자 세계로 퍼지는 데는 며칠밖에 걸리지 않았다. 38개국 8,000여 명을 감염시켰다. 무려 775명이 사망했다.

비극의 가장 큰 원인으로는 당연히 중국 당국의 언론 통제가 지목됐다. 보건 당국이 사실을 축소하고 은폐하면서 초기 방역의 '골든 타임'을 놓친 것이 주요 이유였다. 치부가 드러난 순간 중국은 다행히 빠른 결단을 내렸다. 후진타오胡錦濤 주석을 중심으로 중국 지도부가 국운을 건 사스와의 전쟁에 나선 것이다. 덕분에 생각보다 빠른 2003년 7월에 사스는 종식됐다.

사스로 치러야 할 대가는 값비쌌다. 사스는 아시아 지역에만 160억 달러의 경제 손실을 입혔다. 일찍 정보를 공개하고 환자를 격리 조치했다면 피해 규모는 이보다 훨씬 적었을 것이다. 중국에 끼친 영향도 컸다. 경제적 손실 외에 국가에 대한 불신이 커진 것이 가장 큰 문제였다. 2007년 4월 중국에서는 '하이난의 바나나에서 사스 바이러스가 검출됐다'는 소문 때문에 바나나 가격이 폭락하는 일이 벌어지기도 했다.

그러나 사스는 세계의 팬데믹 대처에 큰 교훈을 남겼다. 14세기 흑사병이 세계로 퍼지는 데는 적게는 수년 많게는 10여 년이 걸렸지만, 21세기에 출현한 사스는 불과 며칠 안에 전 세계로 퍼져나갔다. 순식간에 전 세계 30여 개국으로 퍼져나간 과정이야말로 앞으로의 전염병이 어떤 모습으로 인류를 공격할 것인지를 극명하게 보여주는 커다란 사건이었다. 사스는 앞으로 나타날 수 있는 더 강력한 신종 전염병의 공격에 효과적으로 대처할 수 있는 능력을 갖출 수 있도록 준비시켜준 하나의 실전 경험이기도 했다. 새로운 전염병에 대해 국가 차원의 신속하고도 단호한 대응이 얼마나 중요한지를 모두가 목도했다. 정보의 정확한 전달과 홍보의 중요성도 배웠다(송영구, "전염병의 역사는 진행 중", 〈대한내과학회지〉 68권 2호, 2005).

두 휘슬블로어의 평행 이론

16년의 시차를 두고 전염병 사태에서 중국 정부와 맞서 싸운 두 휘슬블로어(내부 고발자)가 있다. 코로나19 창궐을 초기에 경고한 리원량李文亮, 34세, 2020년 2월 6일 사망과 2003년 사스 은폐를 처음 폭로한 장옌융蔣彦永, 88세이다. 두 사람 모두 의사로서 중국 당국에 홀로 맞섰고 폭로 과정에서 저지를 당했다. 대중은 이들을 영웅이라 칭하지만, 중국 당국은 이들을 골칫덩어리로 여기며 언론 노출을 제한했다. 두 사람의 '평행 이론'은 중국 정부가 재난 상황에서 아직도 정보 통제를 놓지 못했다는 현실을 보여준다.

우한의 안과 의사 리원량은 2019년 12월 30일 동료 의사들 채팅방에 코로나19 발병을 알렸다. 그러나 중국 공안당국(경찰)은 그를 거짓 정보 유포자라며 조사했다. 이후 코로나19 확산 사실이 알려졌지만, 리원량이 웨이보微博: 중국판 트위터에 글을 올릴 때마다 경찰이 찾아와 경고를 날렸다. 중국 정부는 1월 20일에서야 코로나19 비상사태를 선포했다. 홍콩 〈사우스차이나모닝포스트SCMP〉에 따르면, 코로나19 바이러스는 공식적으로 알려진 최초 발견일인 2019년 12월보다 빠른 11월 중순에 발견됐다. 중국 당국이 사태를 알고 있었는데도 알리지 않은 것이다.

사스 사태의 휘슬블로어는 장옌융 인민해방군 301종합병원의 외과 의사다. 그는 유명 민간 은행인 저장싱예은행 창업자의 손자다. 1949년 베이징대학의 전신에 해당하는 옌징대학 의예과를 졸업하고 1957년부터 군의로 일했다. 2003년 4월 중국 정부의 사스 확산 은폐를 미국 〈타임〉지에 폭로해 세계 언론의 헤드라인을 장식했다. 그의 폭로에 위생부 장관과 베이징시 시장이 교체됐다. 중국 당국은 '이제부터 1은 1이고 2는 2다'라며 투명한 정보 공개 지침을 내렸다.

장옌융이 폭로를 결심한 계기는 2003년 4월 3일 중국 위생부장(장관급) 장원캉의 기자회견이었다. 장원캉은 "베이징 내 사스 환자는 12명뿐이고 사망자는 3명"이라면서 "중국 여행과 사업 방문을 환영한다"라고 했다. 당시 사스가 창궐한 베이징의 상황과 반대되는 거짓말이었다. 장옌융이 파악한 내부 보고에 따르면, '309병원' 단 한 곳에만 확진자가 60명, 사망자가 7명이었다.

장옌융은 2003년 4월 4일 관영 중국중앙방송CCTV과 홍콩 봉황TV에 이메일을 보내 중국 정부가 사스 확산을 은폐하고 있는 사실을 제보했다. 답이 오지 않자 그는 다시 외신에 이메일을 보냈다. 이메일 마지막 문장에 "내가 제공한 자료는 모두 진실이고, 내가 모든 책임을 진다"고 적었다. 4월 8일 밤, 〈타임〉지의 베이징 특파원 수잔 제이크가 그에게 전화를 걸었다. 다음날 〈타임〉지 인터넷판에 '베이징이 사스의 습격을 받았다Beijing's SARS Attack'라는 특종 기사가 실렸다. 장옌융은 "내가 나서서 진실을 말하는 이유는 침묵하면 더 많은 사람이 죽기 때문이다"라고 말했다. 4월 20일 중국 당국은 실제 확진자·사망자 수가 기존 발표의 10배라고 인정했다.

장옌융이 폭로하지 않았으면 사스는 당국의 정보 은폐로 장기화됐을 가능성이 높다. 2002년 11월 16일 사스가 처음으로 발병한 후 5개월간 사스의 심각성은 한 번도 알려진 적이 없었다. 발병된 지 45일 후에 광둥성 지역 매체에 '괴질이 발생했다'는 1단짜리 기사가 처음으로 보도됐고, 발병된 지 약 3개월 만인 2003년 2월 10일에야 중국 정부는 세계보건기구wHO에 사스 발병 사실을 알렸다. 2월 14일 관영 신화사는 "광둥에 305건의 사스 발병 사례가 있지만, 그 외 지역은 통제되고 있으니 안심하라"라고 썼다.

장옌융은 사스를 폭로한 이후 수많은 목숨을 구한 '영웅'으로 칭송받았지만 중국 당국의 감시 표적이 됐다. 중국 당국은 2004년 6월 그가 톈안먼 사태 재평가를 요구하는 청원서를 전국인민대표대회(국회 격)에 제출했다는 이유로 이 부부를 연행해 7주간 감금했다. 장옌융은 풀려난 뒤에도 8개월간 가택 연금을 당했다. 그해 8월 아시아의 노벨상으로 불리는 막사이사이상을 수상하려고 필리핀으로 가는 것도 당국이 여권 발급을 거부해 무산됐다. 2005년 장옌융은 미국으로 떠났던 아내가 귀국이 금지되자 군인 신분과 직장을 모두 포기하고 국외로 떠나겠다고 밝혔으나 중국 당국은 '통제가 어렵다'는 비공식 이유로 거부했다.

코로나19가 창궐하자 대만·홍콩 언론에 장옌융의 이름이 다시 언급됐다. "우리는 사스 때 몸 바친 수많은 의료진을 영웅으로 떠올리지만 그 의사들 중에 진실을 말한 사람은 장옌융 하나"라고 평가한다. 장옌융은 2013년 인터뷰에서 이렇게 말했다. "50년 동안 중국에서 여러 정치 운동을 경험하면서 나는 거짓을 말하고 헛된 말을 하는 것이 가장 쉽다는 것을 깨달았다. 그러나 나는 거짓말을 하지 않기로 했다."

팬데믹은 끝나도 공포는 남는다

팬데믹은 앞으로 동아시아의 경제·정치 구도에 끊임없이 충격을 가하게 될 것이다. 수천 년의 동아시아 전염병사史에서 입증됐듯 그 어떤 전쟁보다 강력하게 한 나라의 흥망성쇠를 결정할 요소로 자리 잡을 것이다. "전염병은 인류의 역사를 바꿔왔다"는《전염병의 세계사》의 저자이자 미국 시카고대학 교수인 윌리엄 맥닐William H. McNeill의 말처럼 대규모 전염병은 한 나라의 인구 구조와 노동 조건, 정치적 역학 관계를 바꾸고 더 나아가 문명의 형성에 영향을 끼치기 때문이다.

팬데믹이 앞으로 더 자주 일어날 것이란 예측도 있다. WHO는 21세기를 '전염병의 시대'라고 규정했다. 감염병 전문가들은 최악의 경우 14세기 유럽 인구의 3분의 1 이상을 몰살시킨 '흑사병의 재앙'이 재현될 수 있다고도 주장한다(송영구, "전염병의 역사는 진행

최근 100년간 발현한 대규모 전염병이 종식까지 걸린 기간	
전염병	종식까지 걸린 기간
에스파냐독감	1년(1918년 3월~1919년 3월)
아시아독감	1년 7개월(1957년 2월~1958년 9월)
홍콩독감	1년 6개월(1968년 7월~1970년 1월)
사스	8개월(2002년 11월~2003년 7월)
멕시코신종플루	1년 7개월(2009년 3월~2010년 10월)
에볼라바이러스	2년 2개월(2013년 11월~2016년 1월)

출처: CEFRI

중", 〈대한내과학회지〉 68권 2호, 2005).

　동아시아 팬데믹의 역사는 두 가지 분명한 메시지를 전한다. 첫 번째는 전염병 대처에 성공하는 나라만이 살아남는다는 것이다. 팬데믹을 발 빠르게 대처해 민심 동요를 최대한 막는 국가의 정권이 지도력을 유지하게 된다. 다시 찾아올 바이러스 변형이 세계를 두려움에 떨게 할수록 지도력은 더욱 강해지고, 경제 정책의 신뢰도 또한 올라간다. 반대로 전염병 치리에 실패하는 나라는 새로운 '왕조'가 들어서게 된다.

　두 번째는 공포를 먼저 이겨낸 나라가 새로운 지위를 얻는다는 것이다. 세계 각국이 극심한 타격을 입었을 때 '어느 나라가 빨리 정상 체제로 돌아가느냐'가 국가의 경쟁력을 결정지을 수 있다. 역사 속에서 대규모 전염병 극복의 가장 중요한 요소는 '공포 퇴치'였다. 병마는 물러가도 공포는 남는 경우가 많기 때문이다. 한 나라의 사회가 원래 모습대로 돌아가거나 더 나은 모습으로 건설되려면 공포를 극복하는 의식(시스템 혁신)이든 과정(점진적인 정상화)이 필요하다.

　역사 속에서 팬데믹은 반드시 종식됐다. 그러니 팬데믹은 넘지 못할 산은 아니다. 앞으로도 경제가 발전하고 시대가 바뀔 때마다 대규모 전염병은 세계를 위협할 것이다. 그러니 아예 전염병의 확산을 우리 시대의 하나의 일상적인 위협으로 이해하는 것이 나을지 모른다. 《전염병의 세계사》의 마지막 문장은 "인류가 출현하기 전부터 존재했던 전염병은 앞으로도 인류의 운명과 함께할 것이며, 지금까지 그랬듯이 앞으로도 인간의 역사에 근본적인 영향을 미치는 매개 변수이자 결정 요인으로 작용할 것이다"이다. 어쩌면 새로운 환경에 점점 더 빨리 적응해가는 미생물과 이를 이겨내려는 인간의 경쟁이 본격적으로 시작됐는지 모른다.

무엇보다 팬데믹 한가운데서도 경제는 여전히 진화하고 산업은 발전한다. 흑사병은 살아남은 농노의 발언권을 높여 봉건제 붕괴를 촉발했다. 코로나19는 비대면 경제를 확산시키며 ABCDI(AI, 빅데이터, 클라우드, 분산원장, IoT)로 대표되는 4차 산업혁명을 촉진하고 있다. 팬데믹을 핑계로 손 놓고 있는 나라만 손해를 본다. 위기는 모두 똑같이 겪어도 기회는 각자가 만들어내는 것이다.

3장

코로나19가 앞당긴
핀테크 시대의 개화

정유신 | 서울대학교 경제학과 학사, 서강대학교 경제학 석사, 건국대학교 부동산대학원 석사, 와튼 스쿨 MBA, 경기대학교 경제학 박사, 중국인민대학교 재정금융학원 MBA를 받았다. 전 대우증권 IB본부장, 신한금융투자 부사장, SC제일은행 부행장, SC증권 대표, 한국벤처투자 대표 등을 역임했다. 현재 서강대학교 기술경영대학원 원장, 금융위원회 한국핀테크지원센터 이사장이며 중국 자본시장연구회 회장을 맡고 있다. 저서로는 《중국이 이긴다》 《핀테크, 기회를 잡아라》 등이 있다.

AFTER
C🦠RONA

금융의 디지털 혁신, 어떤 다른 산업보다 빠를 듯

의료계에서는 코로나19가 사스나 메르스에 비해 전염력이 강하고 변이 가능성이 높아서 백신이나 제대로 된 치료제로 걱정이 없어지기까지는 시간이 꽤 걸릴 것(약 2년 전후)으로 보고 있다. 이에 따라 코로나19 이후의 경제는 이전과는 판이하게 구조가 달라질 것이라는 얘기가 많다. BC_Before Corona, AC_After Corona란 용어까지 나오고 있는 실정이다.

어떤 방향으로 바뀔까. 전문가들은 사람들이 가급적 접촉을 하지 않는 비대면 생산, 비대면 소비를 선호해서 제조업이든 서비스업이든 언택트_Untacted, 무인 비즈니스, 재택 경제 활용이 일반화되고 이를 뒷받침하기 위한 디지털 혁신의 가속화, 5G, 빅데이터, AI 같은 4차 산업혁명 인프라가 빠르게 정착될 것으로 보고 있다.

유통 서비스업, 그중에서도 실물과 동전의 양면의 관계를 갖고 있는 금융은 다른 어떤 산업보다 언택트화 즉, 디지털 혁신(핀테크)이 빠르게 진행될 전망이다.

다만, 코로나19 쇼크 기간 중에는 과거의 경험에서 봤듯이 옥석을 가리는 과정이 진행되고 그 후 ABCDIG(AI, 블록체인, 클라우드, 빅데이터, IoT, 5G)를 중심으로 혁신 인프라를 바탕으로 한 핀테크 산업이 본격화될 것이라는 게 전문가들의 의견이다.

'손안의 금융 시장', 기술 혁신, IT기업 경쟁 등이 빠른 혁신 불러와

그렇다면 핀테크가 무엇인지 왜 이렇게 빠른 성장을 보이는지 간단히 살펴보자. 우리나라에서도 핀테크FinTech란 말을 본격적으로 사용한 지 4~5년이 지나고 있다.

핀테크란 무엇인가. 금융Finance과 기술Technology을 결합한 합성어로 모바일 결제와 송금, 크라우드 펀딩, 로보어드바이저 등 디지털 금융 서비스와 연결된 새로운 정보기술IT이다. 처음 말이 나올 때만 해도 일시적인 '찻잔 속의 태풍'으로 치부하는 의견이 적지 않았다. 하지만 시간이 지날수록 세계적인 현상으로 금융의 틀을 송두리째 바꿀 것이란 목소리가 커지고 있다. 왜 그럴까.

(1) 개인적으로는 소비 환경이 뿌리째 바뀌고 있다는 점을 첫째 이유로 꼽고 싶다. 이전에는 온라인이라 하더라도 시장에 가지 않고 물건 정보를 빨리 얻으려면 집이든 직장이든 PC 앞에 앉아야 했다.

그러나 이제는 손안의 모바일만 이용하면 하루 24시간, 즉 언제 어디서든 물건을 살 수 있다. 이것은 근본적인 환경 변화다. 걸어가면서도 물건을 살 수 있다. 따라서 모바일 소비 시장이 폭발적으로 커지면서 자연스럽게 모바일 결제, 송금 등 '손안의 금융'이라 할 핀테크의 성장 속도가 더 빨라지고 있다.

　(2) 핀테크의 빠른 기술 혁신 속도다. 시장 잠재력이 크다 하더라도 기술 혁신이 빠르지 않다면 이용하는 소비자가 빨리 늘어날 리 없다. 전문가들에 따르면, 스마트폰을 사용하기 시작한 10여 년간 핀테크의 기술 혁신이 두드러졌다고 말한다. 분야도 융합 기술의 발달로 모바일 결제와 송금에서 신용 분석, 대출, 자산운용에 이르기까지 대폭 확대됐다. 그 결과 핀테크 소비자들은 거래 비용을 줄이고 원스톱 서비스까지 할 정도로 편리해진 데다 유용한 정보도 훨씬 많이 얻을 수 있게 됐다.

　(3) 글로벌 IT기업들의 치열한 경쟁 때문에 이들 금융과 IT가 결합된 모바일 금융 시장이 계속 확장되고 있다. 글로벌 모바일 시장은 2년(2016~2018) 사이 연 15% 이상의 성장세를 보였다. 중국은 불과 5년(2012~2017) 만에 모바일 전자상거래가 15배 이상 늘어났다.

　(4) 4차 산업혁명의 영향으로 첨단 인프라 기술인 빅데이터, AI, 블록체인 등이 대두되면서 핀테크가 이들 기술과의 융합으로 성장 가능성이 더욱 커지고 있는 점도 빼놓을 수 없다. AI의 활용으로 신용평가, 자산 관리, 운용 모델들이 정교해지고 블록체인으로 새로운 금융 수익 모델들이 창출되고 있는 것 등이 대표적인 예들이다.

미·영·중보다 늦었지만, 규제 샌드박스 도입 후 우리나라 핀테크도 발걸음 빨라져

핀테크 선진국은 미국·영국·중국이다. 우선 미국의 핀테크가 전 세계 핀테크와 시장 확대를 선도하고 있다는 데는 의심의 여지가 없다. 애플·구글을 탄생시킨 실리콘밸리에 이어 세계 금융의 중심지인 뉴욕에서도 핀테크 투자가 빠르게 늘어나, 5년(2012~2017)간 투자금액이 연평균 30%를 넘는 높은 성장세를 보이고 있다.

영국은 미국의 글로벌 IT기업들이 핀테크를 주도하는 것과 달리 대형 은행들이 주도적이다.

또 금융 낙후국이던 중국이 핀테크에서는 미국을 위협할 정도로 급성장하고 있다. 그중에서도 ICT업체들이 금융 시장으로 진출하려는 움직임이 거세서 알리바바, 텅쉰, 바이두 등의 경쟁이 치열하다. 알리바바는 2013년 알리페이와 자산운용 상품인 위어바오를 연결하면서 엄청난 시너지 효과를 창출해냈다.

우리나라도 미국·영국·중국에 비해 4~5년 늦기는 했지만, 2015년 핀테크 혁신 방안, 2018년 금융혁신지원 특별법이 국회를 통과한 후 금융의 규제 샌드박스 제도가 도입되면서 핀테크업계의 발걸음이 빨라지고 있다. 2019년 4월 이후 도입된 혁신 금융 서비스는 만 1년이 경과한 2020년 3월 말 102개가 시범 인가됐다. 국내 여타 업계와 비교할 때, 상당히 빠른 속도로 업계의 강한 기대와 환영을 받고 있다.

'○○페이' 간편결제, 시장 점유율 아직 낮지만 50~60% 급성장

핀테크의 시발점이라 할 수 있는 간편결제는 페이팔 등을 앞세운 미국이 초기 시장을 리드했지만, 지금은 카드보다 모바일 스마트폰을 쓰는 중국이 압도적이다. 중국의 간편결제 시장 규모는 2017년 기준 98조 7,000억 위안(약 1경 6,700조 원)으로 미국의 80여 배다. 2012년 QR코드 도입으로 모바일 결제 시스템이 구축됨으로써 모바일 간편결제 규모가 2012~2013년 24조 원에서 240조 원으로 10배 성장했다. 그야말로 폭발적인 성장세다.

우리나라 간편결제 시장 규모는 최근 3~4년간 연평균 50~60% 급성장하고 있다. 2019년 간편결제 서비스 일평균 이용 실적은 602만 건, 이용 금액도 1,745억 원으로 각각 전년 대비 56.6%, 44.0% 늘었다. 아직 카드 총 결제금액 대비로 보면 3% 내외로 규모가 작지만, 지금과 같은 성장 속도면 4~5년 후에는 시장 점유율이 7~8%까지 높아져 시장에서의 가격 결정력도 상당해질 것이란 분석이다. 코로나19로 인한 '현금, 플라스틱 카드 사용 기피' 가능성에다 QR코드를 이용하는 제로페이 영향도 있어서 스마트폰 모바일 간편결제는 더욱 급성장할 것으로 보인다.

소비의 무게추가 코로나19로 오프라인에서 온라인으로 이동하는 경향이 뚜렷하다. 통계청이 발표한 '2020년 2월 온라인 쇼핑 동향'에 따르면, 2월 온라인 쇼핑 총 거래액은 11조 9,618억 원, 이 중 모바일쇼핑이 차지하는 비중은 68.1%라고 한다. 온라인 쇼핑을 이용하는 10명 중 7명이 스마트폰을 이용해 결제했다는 얘기다.

증권형 크라우드펀딩은 2012년 4월 미국에 잡스법Jobs이 도입되면서

출처: 각 언론사 자료 종합, 각사 홈페이지

본격적으로 시작된 자본 시장의 핀테크 상품이다. 불특정 다수의 소액 투자지만, 많은 사람으로부터의 십시일반 투자이기 때문에 활용하기에 따라서는 별다른 비용을 들이지 않고 마케팅과 매출을 올릴 수 있어 긍정적 효과가 크다. 크라우드펀딩은 투자형과 리워드Reward형으로 나뉜다. 일반적인 크라우드펀딩은 자금 조달 기업의 주식에 투자하는 투자형이고, 리워드형은 판매자가 상품 기획 단계에서 투자금을 유치하거나 시장에 본격적으로 상품을 선보이기 전 테스트베드로 이용한다. 투자자는 기업을 든든히 후원하는 서포터 역할을 맡게 된다.

업계에 따르면, 2017년 기준 전 세계 크라우드펀딩 시장은 약 18조 원 규모다. 미국은 고용 창출에 꽤 기여했다는 긍정적 평가를 받으며 2017년 기준 21억 달러(2조 3,000억 원), 세계 전체의 12%의 시장으로 성장했다. 미국에서 유명한 크라우드펀딩업체로는 킥스타터와 인디고고를 꼽는다. 킥스타터는 창의적인 작업을 위한 기금 모집이 활발한 사이트다.

중국도 성장세가 빠르다. 2017년 기준 증권형 크라우드펀딩액은 52억 위안(약 1조 원)에 달한다. 시장에서는 세계 시장의 중국의 벤처 창업 촉진 정책에 힘입어 향후 연 30~40%의 고성장을 보일 것이고, 그럴 경우 미국을 넘어 세계 최대 시장이 될 수도 있다는 전망이다. 중국에서 크라우드펀딩으로 가장 유명한 업체는 알리바바에 이어 중국 2위의 전자상거래업체 징둥이다. 크라우드펀딩업체와 징둥 전자상거래 플랫폼을 연결시키는 등의 마케팅 효과 덕분에 중국 크라우드펀딩 시장에서 40% 내외의 압도적 점유율을 차지한다.

2019년 기준 우리나라 크라우드펀딩 시장 규모는 일반 투자가가 늘면서 3,800억 원으로 추산되고 있다. 미국의 5분의 1, 중국의 3분의 1 규모다. 대표 기업은 와디즈와 텀블벅이다. 둘 다 리워드형 크라우드펀딩 방법을 이용하고 있다. 와디즈는 2019년 전체 펀딩액으로 1,435억 원, 프로젝트는 7,881건을 모집했다. 이 가운데 리워드형 펀딩 거래액은 1,051억 원, 프로젝트는 7,643건을 기록했다.

주식 투자에서는 로봇이 힘 못 써, 퇴직연금과 로보어드바이저 연결하면 대박 가능성

자본 시장에서 일반 개인들의 관심이 가장 뜨거운 것은 역시 돈을 어떻게 굴리는가다. 핀테크에서는 운용 인력 대신 로봇이 한다고 해서 로보어드바이저라고 한다. 로봇Robot과 투자 자문가Advisor의 합성어로 미리 짠 알고리즘에 따라 자동적으로 운용 자문 서비스를 제공하는 로봇이

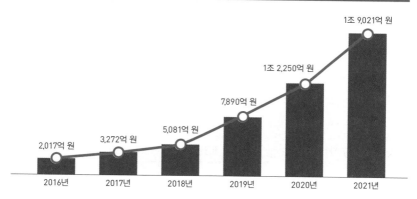

국내 로보어드바이저 시장 규모 전망

1조 9,021억 원

1조 2,250억 원

7,890억 원

5,081억 원

3,272억 원

2,017억 원

2016년 2017년 2018년 2019년 2020년 2021년

자료: 한국과학기술정보연구원

운용자인 셈이다. 세계 최대 자산운용 시장 '맨해튼 월스트리트'로 유명한 미국이 로보어드바이저 시장에서도 발군의 세계 톱이다. 2010~ 2017년 연평균 성장률은 40~50%, 운용 규모는 500억 달러(약 55조 원)로 세계 최대이고 운용업체도 150여 개까지 불어났다.

우리나라도 저성장 저금리로 1~2%p라도 투자 수익을 더 올리려는 운용 수요가 늘고 있는 것은 마찬가지다. 2~3년 전부터 IT 기반 로보어드바이저업체들이 운용 자산을 늘려가고 있다. 3년 전부터 35개 업체가 금융위원회의 테스트베드(코스콤 주관)에 참여해서 시장을 확대하는 데 노력하고 있다. 다만, 현재 우리나라 로보어드바이저업체의 운용 방식은 고위험 개별 주식 고르기Stock picking라기보다 위험을 줄이면서 상대적으로 수익을 높이는 중위험-중수익형으로 지수Index 또는 ETF를 대상으로 한다. 그래서 개인 등 일반 투자가의 관심을 크게 끌지 못하고 있다. 향후 개별 주식형이 본격적으로 나온다든지 중위험-중수익 수요가 기대되는 기관 투자가 투자와 연결될 때, 시장의 급성장을 기대할 수 있다는 의견이다. 증권업계에서는 로보어드바이저의 성격에 가장 잘 맞는 상품으로 퇴직연금을 꼽고 있다. 미국도 퇴직연금을 통해 로보어드바이저 시장이 급성장했다.

코로나19 이후 금융 산업은 핀테크 혁신이 대세

코로나19 이후의 금융 시장은 언택트와 4차 산업혁명 가속화로 핀테크 혁신이 더 빨라질 것으로 예상한다. 핀테크 혁신은 하나의 금융 신산업의 탄생을 넘어 금융 구조와 금융 역할의 변화에까지 큰 영향을 줄 것으로 보인다.

우선 4차 산업혁명이 무엇인지 제대로 다시 살펴보자. 4차 산업혁명은 '산업과 기술의 경계가 없어지고 기술과 비즈니스 모델이 융합되는, 인류가 이제껏 한 번도 경험하지 못한 새로운 혁명'이란 해석도 있지만, '디지털 플랫폼 유통 혁명과 기술 혁명의 융합'이란 해석도 가능하다. 즉, 4차 산업혁명은 기술 혁명 중심이던 1~3차 산업혁명과 달리 손안의 모바일 스마트폰상에서 소비자와 생산·판매자가 만나는 유통 혁명과 이를 기반으로 발생하는 빅데이터를 활용한 ABCDIG 기술 혁명과의 융합이란 해석이다.

4차 산업혁명을 이와 같이 해석할 경우, 이제껏 전형적인 규제 산업으로서 기술 변화로부터 다소 벗어나 있던 금융업이 최근 핀테크를 통해 왜 이렇게 구조 변화가 빠른지 설명이 가능하다. 이유는 (1) 금융업 자체가 유통 산업의 일종인 데다가 (2) 금융 서비스가 무형Intangible의 서비스인 관계로 디지털 플랫폼상일 경우 생산→판매→소비의 주기가 짧아 그만큼 변화 압력이 크다는 점 (3) 또한 금융 거래 데이터는 금융 정보인 동시에 모든 제품의 소비자 정보를 포함하고 있어서 금융 데이터를 이용할 경우 다양한 산업·비즈니스 모델과의 시너지 협력도 가능하기 때문이다.

핀테크 혁신은 금융 구조에 어떤 변화 압력을 주고 있을까. 글로벌 추세를 감안할 때, '핀테크를 통한 금융 혁신'은 4단계다. 1단계의 언번들링Unbundling: 분리에서 시작해 2단계 디지털 플랫폼, 3단계의 빅데이터를 활용한 기술과의 융합, 4단계의 O2O 등 다른 산업과의 시너지 창출로 확대·발전되고 있는 것으로 판단된다.

(1) 핀테크의 본래 성격은 언번들링이다. 즉, 손안의 모바일에서는 추가 탐색 비용이 들지 않기 때문에 소비자들이 분야별로 가장 가성비 높은 개별 서비스를 선택한다. 간편결제는 A, 송금은 B, 대출은 C로 달리 할 수 있다는 얘기다. (2) 하지만 규모의 경제가 작동하는 고객 기반과 충성 고객을 확보한 업체들이 출현하면 개별 서비스가 아닌 복수의 다양한 서비스를 제공하는 디지털 플랫폼 현상이 나타난다. 우리나라의 경우 카카오가 카카오뱅크에 이어 바로증권을 인수하고, 카카오페이가 P2P(개인 대 개인) 대출 투자창을 오픈했다. 네이버가 네이버페이에 이어 노무라증권과 라인증권을 설립한다든지, 토스가 송금·결제에 이어 보험·증권업에 진출하거나, 뱅크샐러드가 은행·보험·증권 자산을 아우르는 통합 자산관리 모델을 제시하는 것 등이 디지털 플랫폼으로 전환되는 과정이다.

개인적으로 우리나라는 핀테크 혁신 1단계에서 2단계로 이행하고 있으며 현재 국회에 상정돼 있는 신용정보법 개정안이 통과되어 향후 빅데이터를 활용한 ABCD 기술과의 융합으로 3단계, 나아가 O2O 등과 시너지를 낼 수 있고, 글로벌 시장의 빅테크(예: 미국의 GAFA, 중국의 BAT)가 출현하는 4단계로의 변화도 불가능하지는 않다고 생각한다.

그렇다면 핀테크로 인해 금융의 역할은 어떻게 변할 것인가. 이제까지 금융은 아날로그 금융(오프라인 금융) 중심이었다. 무형의 서비스, 금융회사, 직원 상담이라는 물리적 공간과 시간 제약을 전제로 한 '중개'가 주된 역할이었다.

이제 금융은 (1) 디지털 금융의 비중이 갈수록 커지고 있고 (2) 디지털과 ICT 활용을 통해 무형에서 유형$_{Tangible}$으로 서비스화하고 있으며 (3) 시공간이 제약 없는 디지털 플랫폼을 매개로 생산자·판매자·소비자가 직접 연결됨으로써 기존의 '중개' 중심 역할에서 탈중개 및 신규 역할(예: 금융 거래 데이터를 매개로 한 기술과의 융합, O2O 등 새로운 산업과의 융합 역할)로의 변화 압력이 커지고 있다고 생각한다.

코로나19 이후 핀테크 혁신은 기술 융합, 빅데이터가 핵심

코로나19 이후 핀테크 혁신은 기술과의 융합이 중요할 것으로 보인다. 4차 산업혁명으로 ABCD 기술이 발달하고 있고 코로나19의 영향으로 이들 기술의 수요가 폭발할 것인 만큼 금융에서의 핀테크 혁신도 이들 기술과의 융합으로 더욱 빨라질 전망이다.

이세돌 9단과 '알파고'의 바둑 대결로 AI에 대한 관심이 뜨겁지만, AI

도 빅데이터가 구축돼 있지 않다면 힘을 발휘할 수 없다. 마찬가지로 금융 산업에서의 핀테크 활용도 빅데이터가 핵심 중의 핵심이다. 지금까지 금융업계의 데이터 활용은 고객 재무 정보에 따라 신용도를 평가, 대출 금리를 계산하는 정도가 대부분이었다. 하지만 최근에는 인터넷과 스마트폰을 기반으로 고객의 비非재무 정보를 대량 축적하면서 새롭고 다양한 핀테크 서비스를 선보이고 있다. 고객의 재무·비재무 정보를 포함한 빅데이터를 활용할 수 있기 때문이다.

미국·영국·중국 등 핀테크가 활발한 국가에서는 대출·증권·자산 운용 등 금융의 전 분야에서 빅데이터를 활용하고 있다. 대표 사례로는 P2P(개인 간) 대출로 유명한 미국의 렌딩클럽을 꼽는다. 방대한 소셜미디어 데이터를 바탕으로 한 신용 분석이 은행보다 빠르다.

또 구글 출신 데이터 분석가와 금융 전문가들이 창업한 제스트파이낸스ZestFinance는 은행들보다 훨씬 많은 수천 개의 평가 요소를 이용한다. 이를 바탕으로 대출이 어려운 저신용자들에게 대출 가능한 수익 모델을 제공한다. 이를 이용하면 금융기관은 대출자의 저변을 확대할 수 있어 경쟁자보다 더 나은 비즈니스 기회가 생기고, 대출자는 이제껏 불가능했던 대출 기회를 얻을 수 있다.

중국에서는 알리바바가 빅데이터의 선두주자다. 2011년부터 전자상거래 사이트 내 거래량, 재구매율, 만족도 등 정량 데이터와 구매 후기, 판매자와 구매자 간 대화 등 정성 데이터를 구축해 소액 대출 서비스인 알리파이낸스를 출시했다. 알리바바의 빅데이터는 전자상거래상의 실거래 정보여서 그만큼 대출 여부 판단에 유용하다는 평가다.

보험업계는 어떤가. 아직 빅데이터를 크게 활용하지는 않지만, 통계와 확률 의존도가 높은 보험 산업의 성격상 향후 빅데이터는 보험의 전 프로세스를 혁신시킬 잠재력을 보유하고 있다. 예컨대 미개척 영역의 보험 상품을 개발할 수 있다. 적시에 필요한 사람에게 최적화된 보험 상품을 판매할 수도 있다. 또한 알고리즘을 통해 보험금 지급 심사, 보험 사고 조사 등을 빠르고 정확하게 진행할 수 있다. 해외에서는 운전 습관 연계 보험이 활성화되어 있는데 안전한 운전 습관을 가진 운전자들은 보험료를 할인받는다.

일부 국내 IT업체와 보험사들도 이들 상품을 개발하는 데 박차를 가하고 있다. 전문가들은 IoT 및 빅데이터 기술과 보험 상품을 융합할 경우 운전자들에게 합리적인 보험료를 산정해주고 안전 운전 습관을 유도해줄 수 있는 이점이 있다고 본다.

빅데이터는 증권사 리서치나 자산운용 방식을 다변화시킬 수 있다. 증권이나 운용사 내 리서치 영역도 핀테크의 소셜미디어 빅데이터 분석과 결합할 경우 새로운 수익 모델로 독립할 수 있다. 영국의 켄쇼Kensho가 대표 사례다. 최근 뜨고 있는 로보어드바이저들도 빅데이터 분석에 기반한 고객 맞춤형 자산운용회사다. 원조 격인 미국의 웰스프론트Wealthfront는 핀테크 평가 기관들이 최고의 혁신 서비스로 평가할 정도로 기술력이 앞서 있다.

우리나라도 2020년 초 데이터 3법인 개인정보 보호법, 정보통신망법, 신용정보법 개정안이 국회를 통과하면서 빅데이터 구축과 분석, 가공 데이터·정보의 활용 등에 대한 논의가 활발하다. 하반기에는 금융데이터거래소FinDX도 오픈할 계획이어서 빅데이터를 중심으로 한 생태계 조성은 물론 빅데이터 관련 산업이 뜨거워질 전망이다.

금융업의 비즈니스 모델 자체를 바꿔버릴 AI 활용

빅데이터가 기술 융합의 핵심이며 기초 인프라라면 기술 수준이 상용화 단계에 도달해 금융업의 비즈니스 모델 자체를 바꿔버릴 기술 중 대표 격은 AI다. 금융업의 AI 활용은 어디까지 왔을까. 기술적 완성도가 높아서 가장 발 빠른 움직임을 보이고 있는 미국의 소매 금융 사례를 통해 살펴보자.

(1) AI의 학습 능력 활용이다. 많은 데이터 정보를 입력하면 데이터의 분류와 상호 관련에 대한 지식을 AI가 학습, 그 결과를 다양한 소매 금융 업무에 적용하고 있다고 한다. 활용도가 높은 분야는 부정 거래 검사와 여신 심사다. 부정 거래 검사는 신용카드와 체크카드의 부정 거래를 방지하는 것이 주목표다.

지금까지는 사람이 부정 거래 모델을 구축했지만, 대규모 데이터 처리 능력이 부족했고 새로운 유형의 부정 거래가 발생하면 모델을 수정하는 데 시간이 걸리는 문제점도 있었다. 그러나 이제는 AI를 통해 빅데이터가 주어져도 단시간에 부정 거래의 특징과 유형을 파악해낸다. 말하자면 소매 점포의 수많은 거래를 리얼타임으로 검사할 수 있고 새로운 부정 거래 유형에 대한 모델 수정도 그만큼 신속하다는 얘기다. 현재 미국의 대형 신용카드회사인 아메리칸익스프레스AMEX와 비자가 적극 활용하고 있다. 비자 통계에 의하면, 모델 활용으로 연 20억 달러에 달하는 부정 거래를 방지할 수 있었다고 한다.

(2) 또 다른 분야인 여신 심사에서는 개인 신용평가의 정밀도 제고에 적극 활용하고 있다. 통상 개인의 신용카드와 주택 대출 등을 심사할

때 신용도 점수Credit score를 산정한다. 신용카드를 이용한 기간이 짧거나 대출을 상환한 업데이트 기록이 부족한 고객은 신용도를 측정하는 데 어려움이 따랐다. 그러나 이 또한 AI를 활용하면 개인 신용평가의 정밀도를 높일 수 있다. 직접적인 신용평가 정보 외의 다른 정보들을 통해 해당 고객의 신용도 평가를 유추해낼 수 있기 때문이다. 대표적인 사례로는 미국의 유명한 신용평가 기관인 밴티지 스코어Vantage Score가 작성한 '밴티지 스코어 4.0'이 있다. 신용평가 정밀도를 개선해 신용평가가 가능해진 미국의 개인 고객만 무려 3,000만~3,500만 명이라고 한다. AI 활용으로 잠재 수요 기반을 그만큼 현실화했다는 얘기다.

데이터 정보에 대한 학습 능력 외에 단어 간의 관계를 학습해서 문장과 말의 의미를 파악하는 AI도 활용 속도가 빨라지고 있다. 대표적 모델은 우리나라에서도 많이 알려진 챗봇Chatbot이다. 챗봇은 고객이 입력한 문자나 말한 음성 내용을 AI가 인식해서 고객 질문에 자동으로 답하는 기능이다. 고객들의 다양한 매체인 소셜미디어 메신저, 전화, 스마트폰 스피커 등에 대응한다.

챗봇은 어떤 기능까지 할 수 있는가. 우선 계좌 잔액이나 신용카드 이용 금액 등을 확인한다든지 신용카드 금액 결제와 송금 같은 간단한 금융 거래는 대형 은행들 중심으로 활용하고 있다. 조만간 빠르게 확산할 것으로 보인다. 그뿐 아니라 한 걸음 더 나아가 고객의 가계 장부나 자산 재무 관리에 도움을 주는 챗봇이 등장하고 있다. 현재 고객이 제공한 재무 정보와 고객 특성을 기초로 보다 더 이익이 되는 신용카드 활용법, 주택 대출의 조기 상환 방안, 자산운용 상품 제안까지 다양한 활용 방안을 검토하고 있다고 한다. 챗봇의 대표적 사례는 뱅크 오브 아메리카BoA를 꼽을 수 있다. 스마트폰에 내장된 전용 어플리케이션을 이용하는 대화형 챗봇 '에리카Erica'를 개발했다. 고객은 문자 입력 또는 음성을 통해 에리카와 대화할 수 있다. 에리카의 대답은 대단히 스무스해서 마치 살아 있는 사람과 대화하는 것 같다고 한다.

이전에는 이러한 챗봇 하나를 개발하려면 많은 사람이 달라붙어서 고객의 수많은 문의 내용을 분석, 모든 경우의 수를 시나리오로 짜야 할 필요가 있었다. 지금은 AI가 문자와 음성 기록을 분석해 자동으로 시나리오를 만드는 덕분에 그 시간이 대폭 단축되었다.

은행 등의 소매 금융뿐 아니라 금융회사의 전반적인 백 오피스 업무를 대체하는 AI 기술도 등장하고 있다. 로봇 처리 자동화RPA: Robotic Process Automation가 그것이다. RPA란 한마디로 직원이 컴퓨터에서 행하는 작업 절차를 소프트웨어로 개발, 자동화하는 기술이다. 지금까지는 고객으로부터 입수한 이름과 주소 등의 정보를 다양한 금융 상품에 자동 입력할 때 눈으로 확인해야 했다. 그러나 RPA를 이용하면 사람의 확인 작업이 불필요하다. 그만큼 사무 작업 시간이 단축되고, 확인 부주의에 따른 위험도 배제할 수 있는 셈이다.

또 이러한 정형화된 사무 자동화 외에 AI를 활용한 비정형 업무의 자동화도 시도되고 있다. 미국의 대형 은행인 JP모건체이스는 법인 대출 계약서의 내용을 자동 확인하는 코인COIN이라는 소프트웨어를 개발해 연 36만 시간에 달하던 확인 작업 시간을 불과 몇 초 안에 끝내고 있다. 투자은행의 대명사 골드만삭스는 신규 주식 공개IPO에 관한 업무를 127개의 공정으로 분해, 그중 절반을 AI로 자동화하는 작업을 진행하고 있다.

우리나라도 은행을 중심으로 한 챗봇 활용에 이어 AI를 활용한 자산 관리, 보험업 프로세스의 효율화 검토 등이 진전되고 있다. 정부의 강력한 AI정책, 대학들의 AI대학원 설립, 기업들도 AI연구소 투자 확대, 산학 협력을 통한 AI기술 개발도 속도를 내고 있는 모양새다.

20세기가 인터넷이라면 21세기는 블록체인

'20세기가 인터넷이라면 21세기는 블록체인'이라고 한다. 처리 속도, 채굴 비용 등 이슈가 있어서 상용화가 쉽지 않다는 의견도 있지만 시간이 지날수록 비용 절감, 처리 용량, 속도 기술이 개선되고 있어서 인터넷 혁명을 뛰어넘는 혁명이 될 것이란 기대감이 커지고 있다. 구글, 아마존, 알리바바 등 내노라하는 글로벌회사들이 블록체인 기술 개발에 열을 올리고 제품 생산과 유통에도 블록체인 활용이 빨라지고 있다.

왜 이렇게 블록체인에 열광할까. 한마디로 블록체인이 경제와 시장 구조를 통째로 바꿀 수 있는 혁명적 파워를 갖고 있기 때문이다. 핵심은 블록체인의 위·변조 보안 능력이다. 블록 자체가 거래의 위·변조 위험을 제거할 수 있어서 위·변조를 검증하기 위한 제3자 비용이 들지 않는다. 제대로 개발만 하면 돈·시간·절차를 모두 절약할 수 있으니 블록체인에 열을 올리는 게 당연한 셈이다. 다가오는 IoT 시대에는 사물간의 금융 거래가 급증할 것이기 때문에 거래 비용 축소가 대단히 중요하다. 따라서 급증하는 거래 비용을 소비자에게 전가하지 않으려면 새로운 환경에 걸맞는 시스템 개발이 필수라 할 수 있다. 현재 블록체인이 그 선두주자란 얘기다. 세계경제포럼WEF은 상용화 기술 개발을 전제로 향후 10년 내로 세계 GDP의 10%(약 10.3조 달러)가 블록체인에 기록될 것으로 예측한다.

현재 외국의 움직임은 어떤가. 지역적으로는 30여 년간 혁신 산업을 주도한 미국이 가장 활발하다. 산업계는 물론 의회에서 블록체인 지원 결의안을 통과시키고 보안이 생명인 국방부도 적극적이다. 그 뒤를 이어 영국·프랑스·스위스 등 유럽과 아시아에서는 중국이 광폭 행보를 보이고 있다. 중국은 2016년 '국가 정보화를 위한 5개년 계획'에서 블록체인 기술 개발을 최우선 정책 중 하나로 선택한 이후 기술 개발 붐이 일어나서 적어도 특허에서는 2014년 2건에서 2017년에 428건으로 미국의 390건을 젖힌 상태다.

산업적으로는 어떤가. 아무래도 실시간 거래가 가장 많고 자금 세탁 등 이슈가 많은 금융권의 관심이 가장 높다. R3 프로젝트라 해서 글로벌 금융회사들이 참여하는 블록체인 컨소시엄이 3~4년 만에 회원 100여 개사로 늘고 있다. 나스닥 등 증권거래소 외에 비트코인 선물 등 가상화폐의 금융권 편입 움직임도 빨라지고 있다. 그다음으로는 데이터 정보가 많고 보안이 중요한 의료 헬스, 부동산과 밸류체인이 길고 복잡한 에너지·화학·자동차 등에서 블록체인 도입을 서두르는 모양새다.

그렇다면 국내는 어떤가. 한마디로 시장에서는 금융, 비非금융을 막론하고 아직 성장 초기 단계라고 평가한다. 하지만 블록체인업체가 세계 최초로 블록체인 기반 인증 서비스를 개발했다. 블록체인 특구(부산) 지정, 지역 화폐가 활발해지는 등 블록체인 활성화를 위한 생태계 조성은 꽤 진전되고 있다. 이에 따라 블록체인 활용도 본인 인증과 송금 중심에서 시작해 최근에는 보험, 자동차, 병원, 학교 등 상당히 다양화되는 양상이다. 문제는 정책적인 제약이다. 블록체인과 연결돼 있는 가상화폐가 가격 급등락 등으로 사회·정치적 이슈가 되고 있다. 시장 유동성이 한정돼 있어서 정책에 따라서는 자금 쏠림 때문에 주식 자금 조달이 어려워질 수 있는 점 등이 애로 사항이다.

코로나19 이후 핀테크 분야에서는 인슈어테크가 활짝 기지개 켤 듯

포스트 코로나 시대의 핀테크 성장 분야로는 인슈어테크Insurance+Technology를 꼽고 싶다. 4차 산업혁명 흐름이 빨라지게 되면 향후 보험업계도 인슈어테크의 활용 압력이 더욱 세질 것이라는 데 대다수가 동의하는 것 같다. 전문가들은 아직까지 보험 시장의 진입장벽이 높지만, 중장기적으로 인슈어테크가 보험 판매 채널, 상품 설계, 보험금 지급 등에 구조적 변화를 초래하면서 시장 규모가 대폭 확대될 것이라고 예상한다. 5~10년 내로 AI 판매 채널이 등장하면 복잡한 상품을 쉽게 비교하고 설명할 수 있을 뿐 아니라 명확한 기록 유지로 불완전 판매 다툼도 크게 줄어들 것이라고 한다. 그렇게 되면 보험설계사들은 다양한 상품 빅데이터를 바탕으로 재무 설계나 건강 관리 같은 차별화된 서비스를 제공할 수 있을 것으로 기대된다. 또 보험사들은 모바일과 IoT 기술을 이용해서 소비자와 언제 어디서나 소통하고 소비자의 특성이 반영된 상품을 개발하고 판매할 수 있을 전망이다. 따라서 특화된 보험 상품을 기반으로 건강 관리 서비스 전문회사 또는 일상생활 서비스 전문회사로 진화할 가능성이 높다고 한다.

인슈어테크 보험 시장의 잠재력을 가장 높이 평가하고 있는 인물 중 하나로 중국 알리바바의 마윈 회장을 꼽는다. 알리바바는 전자상거래에서 시작해 인터넷 은행, 온라인 자산운용 등 금융 시장까지 진출한 시가총액 아시아 1~2위를 다투는 글로벌 ICT업체다. 마윈 회장은 2019년 8월 중국 보험업발전 연차총회에서 향후 보험업의 잠재력에 대해 확신한다고 말했다. 전 세계적인 고령화와 의료 헬스 시장의 확대는 인터넷, 모바일, 첨단 의료기기의 발달과 함께 인슈어테크 보험 시장의 급성장을 가져올 것이라는 것이다.

중국의 보험업에 대해 마윈 회장은 보험 가입자 수가 3억 3,000만 명에서 중국 인구수와 같은 13억 명은 돼야 한다며 인터넷에 왕민網民: 네티즌, 주식 시장에 구민股民: 인터넷 개미 투자자이 있듯이 향후 보험 시장에는 바오민保民: 인터넷 보험 가입자이 생길 것이라고 말한다. 또한 그는 인슈어테크의 발달로 보험 상품을 판매하는 영업 조직보다 보험 효율성을 높이고 리스크를 줄일 수 있는 상품 개발과 설계가 중요해질 것으로 전망한다. 그런 면에서 보면 보험사의 미래 핵심 조직과 인력은 상품 개발, 빅데이터 분석, AI가 될 것이란 얘기다.

인슈어테크의 대표 사례를 살펴보자. 글로벌 종합 컨설팅 기업 KPMG에 따르면, 2015년 '세계 핀테크 톱 100'에서 중국 중안보험이 1위를 차지했다. 중안보험은 인터넷 전문 보험회사다. '세계 핀테크 톱 100'은 자본 규모와 시장 영향력, 비즈니스 모델의 혁신성 등 다양한 요소로 평가한다. 전 세계 핀테크업체를 대상으로 하므로 나름 의미 있는 순위 지표라고 한다.

보험 핀테크의 리더 격인 중안보험을 좀 더 살펴보자. 중안보험은 2013년에 설립된 최초의 인터넷 전문 보험회사다. 주요 주주는 인터넷 판매 최대 업체 알리바바, 소셜미디어에 강한 중국 최대 포털업체 텐센트, 중국 보험업계 2위 핑안보험, 대형 여행 사이트 슈청 등이다. 한마디로 이 업종들이 참여해서 각각의 강점인 소규모 기업 회원, 개인의 인터넷 고객 정보, 결제 기능, 보험 운영 노하우 등을 융합, 시너지를 극대화하고 시장을 리드한다는 게 전문가들의 의견이다. 2019년 모건스탠리 등 중국 내외 대형 기관의 투자를 받아 기업 가치도 설립 3년 만에 80억 달러(약 8조 원)로 급상승하는 등 빠른 성장세를 보여줬다.

앞으로 전망은 어떤가. 관계자 말에 따르면, 앞으로는 손해보험뿐 아니라 생명보험 상품 개발에도 박차를 가할 생각이라고 한다. 새로 판매되는 당뇨병 환자를 대상으로 한 보험 상품은 스마트폰 같은 터치 방식의 혈당 측정 단말기를 지급하고 이를 통해 혈당 데이터를 받아서 관리한다. 혈당치가 좋아지면 보험금을 늘려주고 나빠지면 보험금 보상을 줄이는 방식이다. 보험 상품의 효율성을 높이면서 환자의 질병 개선 노력도 유도하는 효과가 있다. 2대 주주인 텐센트가 개발했는데 강점이 있는 소셜미디어를 통해 의사와 환자를 연결한다는 전략이다.

4장

코로나19 이후
K금융의 미래

임병익 | 서울대학교 경영학 학사, 중국사회과학원연구생원 경제학 석·박사와 중국사회과학원 아태및글로벌전략연구원에서 방문학자를 수행했다. 대우증권과 대통령비서실, 금융투자협회 조사연구실장으로 일했고 중국자본시장연구회 창립멤버로 초대 사무국장, 부회장을 거쳐 수석고문을 맡고 있다. 지금은 중국창신경제연구소장, 중국사회과학원 국가금융발전실험실 고급초빙연구원, 아시아 대체투자연구중심(베이징) 파트너로 한중대체투자써밋을 3차례 개최하는 등 한중 금융협력 및 투자자문 분야에서 활발하게 활동 중이다.

중국이 2001년 말 WTO 가입 이후 국내 금융회사들의 중국 금융 시장 진출이 한창 화두였던 2006년, 국내 대표적인 대형 증권사의 CEO 일행이 중국사회과학원 금융연구소의 리양 소장을 방문했다. 나의 지도교수였던 리양 소장은 당시에 유일한 민간인 중국인민은행화폐개혁위원회 멤버(우리의 금융통화위원회 위원 격), 중국사회과학원 부원장, 경제학부 주임을 역임하고 지금도 시진핑 정부의 25개 분야별 싱크탱크 중 금융 분야 유일의 싱크탱크智库로 지정된 국가금융발전실험실NIFD 이사장으로 활동 중인 중국 금융의 대표적인 관변학자다.

당시 내가 대담 통역을 맡았기에 생생히 기억하는 장면은 이렇다. 한국 증권사 CEO가 한국 금융회사의 중국 진출에 대한 어드바이스를 구하자, 리양 소장은 한국의 금융회사들은 왜 삼성전자나 현대차와 같이 중국 시장에 과감히 진출하지 않느냐고 반문했다. 이에 증권사는 33%,

은행은 25%의 지분 제한이 있어서 진출이 어렵다고 하자, 리양 소장은 중국의 금융 산업이 발전 초기 단계이고, 한국은 제조업 못지않게 금융 회사들도 개방된 만큼 들어오면 지분만큼의 권리가 있지 않느냐고 적극적인 진출을 권유했다.

10여 년의 시간이 흘러 중국 금융 당국은 2016년 외국인에게 100% 사모증권투자펀드의 설립을 허용했다. 2019년 생명보험, 2020년 공모투자펀드와 증권사까지 외자 100%의 설립이 가능하게 되었다. 이제 지분 제한이라는 빗장이 열리고 판이 깔렸는데 우리 금융업계에 기회가 온 것일까? 문이 열린다고 그때 들어가면 뒷북일 경우가 적지 않다. 금융 산업, 금융투자는 철저하게 경험과 정보와 네트워크 장사다. 철저히 분석하고 준비하고 축적하고 때를 기다려야 계기를 기회로 만들 수 있다. 중국 금융 시장의 개혁과 금융 산업 개방 확대의 현황을 점검하고 우리의 시사점을 찾아보는 일은 의미가 있을 것이다.

중국의 2019년 화두는 커촹반 설립이었다. 미·중 무역전쟁의 배경으로 미국은 중국의 첨단기술 견제와 금융 서비스 시장의 개방을 확대하려는 것을 숨기지 않는다.

시진핑 정부가 집권 후반기에 강조한 것은 3가지다. (1) 빈곤 탈출, (2) 환경 보호, (3) 금융 리스크 완화다. 빈부 격차 해소 노력과 강력한 환경보호 정책은 어느 정도 성과를 보였다. 이제 금융 개혁이 중국의 마지막 남은 퍼즐이라고 해도 과언이 아니다.

이런 배경에서 커촹반은 다층적 중국 자본 시장 건설의 종결자 역할을 하면서 중국 정부의 4차 산업 육성을 위한 절묘한 한 수인 셈이다. 흔히 일대일로는 중국 내 과잉 생산과 중국의 외교적 영향력 확대를 겨

낭한 다목적 대외 전략이라고 한다. 커촹반은 중국이 발호하는 디지털 경제와 중국 내 축적된 개인 저축으로 막대한 기업 부채를 해소하는 경제의 다목적 카드라고 볼 수 있다.

코로나19로 글로벌 공급망에 엄청난 충격이 가해졌다. 중국이 기존에 추진하던 공급측개혁과 중국제조2025의 전면적인 재조정이 불가피하다. 그렇지만 금융 시장 개방과 금융 산업 개혁은 '서둘러도 안 되고 늦어서도 안 된다는 원칙宜快不宜慢. 宜早不宜迟的原则'하에서 속도와 강도가 빨라질 것이다. 중국은 높은 기업 부채 해소와 자금 조달, 부동산 쏠림의 개인 자산 비중의 다변화를 위해 필연적으로 금융 개혁의 속도를 높이고 직접 금융의 비중을 확대할 것이다. 금융 산업은 라이선스 비즈니스다. 소비 시장만큼 방대한 잠재력이 있는 중국 금융 시장이 인프라를 깔고 문을 열 때, 면허증을 줄 때 받아야 할 것이다.

중국 본토의 금융 자산이 급속하게 증가하면서 금융 시장의 금융 산업에 큰 기회의 장이 열리고 있다. 자산운용업계는 당초 사모증권투자펀드 라이선스를 개방했다. 2020년 4월 1일부터 외국인이 100% 소유하는 뮤추얼펀드 운용사의 설립과 외국인의 중국 자산운용사 매입을 허용했다. 즉 공모펀드(뮤추얼펀드) 시장도 개방한 것이다.

첫 영업 허가는 블랙록BlackRock과 누버거버먼Neuberger Berman이 신청했다. 중국 자산운용 시장은 2019년 11월 기준 120개가 넘는 공모펀드 업체가 약 14조 위안의 자산을 운용하고 있다. 2023년까지 운용액이 90조 위안으로 증가할 것으로 전망하고 있다. 제조와 생산의 '조우추취走出去, 밖으로 나간다는 뜻'에서 만성적인 과잉 유동성으로 풀려 있는 중국 돈을 누가 어떻게 운용할 것인가 하는 큰 시장이 열리고 있다. 코로나19 방역으로 K방역이라는 의료 체제 영역까지 히트를 쳤는데 이제 남은 분야는 중국을 무대로 하는 K금융, K운용이 돼야 한다는 화두를 던져본다.

중국의 금융 산업 개방 확대

중국의 금융 산업 개방은 WTO 가입 청사진에 따라 2001~2006년의 은행·보험을 중심으로 한 개방과 미·중 무역 마찰이 촉진시킨 2017~2020년의 자본 시장 중심의 개방으로 대별된다. 중국이 2001년 말 WTO 가입을 계기로 2006년 말까지 5년의 유예 기간 동안 금융 산업 개방 로드맵에 따라 보험·은행·금융투자업(자산운용-증권) 순으로 영업 제한을 점진적으로 완화했다.

은행업은 2006년 말까지 외국 은행의 중국 내 개인 및 기업 고객에 대한 영업과 위안화 영업에 대한 지역 제한을 전면 해제했고 100% 외자 은행의 설립을 허용했다.

보험업은 초기부터 큰 폭의 시장 개방 조치를 실시했다. 2003년부터 손해보험은 100% 외자법인 설립을 허용했고 생명보험은 50% 합자법인 설립이 가능했다. 다만, 자본 시장과 금융투자업의 개방은 은행보험업에 비해 상당히 제한적으로 진행돼 외자증권사와 자산운용사의 지점 또는 독자법인의 설립은 허용되지 않는다. 증권은 초기 33~49%, 자산운용업은 49%까지 합자법인 형태로만 설립이 가능했다. 선물회사는 진출이 어려웠다.

2008년 금융위기 이후에는 글로벌 금융위기의 국내 금융 시장 전이 차단을 위해 중국 금융 당국의 인허가 및 감독 정책이 오히려 강화되는 경향을 보였다. 시진핑 정부 들어 미국의 지속적인 금융 시장 개방 요구와 중국 내 경제 구조개혁 필요성 등 대내외적 요인으로 금융 시장 대외개방 속도와 폭이 빨라지고 있다.

단초는 2016년 중국증권감독관리위원회CSRC가 제8차 중미전략대화에서 외국 자본의 중국 역내 단독 사모증권투자펀드* 업무를 허용한 데서 마련되었다. 중국 자산운용업은 선진 운용 기술의 도입 필요성에 따라 외자에 49% 합자자산운용사 설립은 허용했으나, 당장 공모펀드 시장을 전면 개방하지 않고 먼저 모집 인원의 제한이 있는 사모펀드 운용사부터 100% 개방했다. 이후 피델리티를 비롯해 뱅가드, JP모건, UBS, 블랙록 등 글로벌 운용사들과 국내의 미래에셋이 잇달아 라이선스를 받게 된다.

미·중 무역전쟁이 본격화되면서 중국은 연이어 큰 폭의 금융 산업 대외개방 조치를 내놓는다. 2018년 4월 보아오포럼BFA에서 시진핑 주석이 금융 산업 개방을 천명한 다음 날 이강 중국인민은행 총재는 금융업 대외개방 3단계 로드맵을 제시한다.

이후 궈수칭 은행보험감독관리위원회(은보감회) 주석이 2019년 5월 은행보험 부문의 12가지 추가 개방 조치를 제시하고, 2019년 7월에는

---

* WFOE-PFM(Wholly Foreign-Owned Enterprise Private Fund Management): 중국의 증권투자펀드는 유통 시장(거래소)에 투자하는 펀드로서 공개 모집 여부와 200인을 기준으로 공모펀드와 사모펀드로 분류한다. 사모펀드는 유통 시장(거래소)에 매매하는 사모증권투자펀드와 상장 전 기업 투자하는 사모(PE)투자펀드, 창업투자(VC)펀드로 분류한다. 공모펀드 관리인(자산운용사에 해당) 및 사모펀드 관리인(국내의 전문 투자형 사모집합투자기구에 해당)의 외자 비율 상한은 49%, 사모(PE)펀드 및 VC펀드 등 비증권류의 사모펀드 관리인은 외자 상한이 없어 100% 투자가 가능하다(외상투자산업지도목록). 이 조치로 사모증권투자 관리인의 외자 비율을 100%로 개방하게 된 것이다.

구분	2018년 6월 말	2018년 말	2021년 말 (2020년 4월로 앞당김)
중국 금융업 대외개방 3단계 로드맵			
은행	• 은행과 AMC의 지분 제한 폐지 • 외자은행의 중국 내 현지법인과 모은행 지점의 설립 가능	• 외자은행 업무 범위 대폭 확대 • 은행의 AMC 및 운용사 신설 시 외자 지분 비율 폐지	–
보험	• 생명보험사 외자 지분 비율 51% 확대 • 보험 중개 업무와 손해사정 업무 개방 • 외자보험중개회사 경영 범위 제한 폐지	• 외자보험 설립 전 2년간 중국 내 사무소 개설 요건 폐지	• 생명보험사 외자 지분 제한 폐지
증권 운용 선물	• 증권 운용 선물사 지분 비율 51% 확대 • 합자증권사 역내 주주 중 본토 증권사 포함 조건 폐지	• 합자증권사 업무 범위 제한 폐지	• 증권, 운용, 선물사 외자 지분 제한 폐지
기타	• 후강통 선강통 1일 한도 4배 (2018년 5월 1일)	• 신탁 금융 리스 자동차 할부 등 외자 유치 장려 • 후룬통(상하이–런던) 개통	–

11개 금융업 대외개방 조치를 통해서 2020년 말까지 중국 금융 시장 개방의 큰 그림을 마무리한다.

금융업 대외개방 3원칙 및 3단계 로드맵(이강 중국인민은행 총재, 2018년 4월)은 다음과 같다. (1) 인허가 신청 시부터 내국민 대우 및 네거티브 규제를 시행하고 (2) 환율 결정 방식과 자본 유출입 제도 개선을 연계해 동시에 추진하며 (3) 금융 리스크 예방을 위해 개방에 상응하게 금융 감독을 강화한다.

은행보험 부문 12가지 추가 개방 조치(궈수칭 은보감회 주석, 2019년 5월)는 다음과 같다.

- 중외자 일치 원칙, 중자 및 외자은행의 중국상업은행 지분 비율 상한 폐지
- 외자은행의 중국 내 외자법인은행 설립 시 100억 달러 총 자산, 중국 내 지점 설립 시 200억 달러 총 자산 요구 폐지
- 경외 금융 기구의 중국 내 외자보험회사 지분 참여
- 외국보험중개회사의 중국 내 보험 중개 경영 시 30년 경영 연한, 총 자산 2억 이상 요구 폐지
- 중외합자은행 중 중국 측 주요 주주에 반드시 금융기관이어야 하는 제한 폐지
- 경외 금융기관과 민간 자본 지주의 은행보험업 기구와 지분, 업무 및 기술 등 각종 합작을 장려 지지
- 외국보험그룹의 보험 관련 기구 설립
- 중외 금융기관의 소비금융회사 투자 설립 동등하게 허용
- 외자은행의 인민폐 영업 심사 폐지, 외자은행 설립 시 인민폐 업무 즉시 허용
- 외자은행의 대리 수납 업무 허용 등

2019년 7월 발표한 '11개 금융업 대외개방 조치11条金融业对外开放措施'는 8개 조항은 금융 기구 진출 허가이고 그중 4개는 보험 기구이다. 나머지 3개 조항은 채권 시장 개방에 대한 대외개방 조치다.

시진핑 정부는 금융 산업의 대외개방 조치와 별개로 금융 리스크 관리 강화와 디지털 금융 육성 등 금융 혁신 조치*를 적극 추진한다. 2008년 금융위기 이후 10년간 과잉 유동성으로 그림자 금융과 부동산, 주식 시장, VC/PE에 자금이 몰리면서 버블과 금융 리스크**가 확대되었다. 금융 산업 보호 정책의 부작용에 따라 금융 리스크 관리와 금융

---

* 시진핑 정부의 금융 개혁 3대 주제는 공급측개혁(구조조정)을 위한 금융의 역할, 금융 리스크 완화, 금융 개방 확대다.

** 원조우 중소기업 위기(2011), 신용 경색 '통화 결핍(钱荒)'(2013), 증시 파동(2015), '과대 레버리지의 최소화(去杠杆)' 채권 파동(2016), 안방보험 사태(2018) 등 1~2년에 1번씩 금융 리스크가 발생한다.

분야	조치 내용
금융업 진입 제한 완화	• 외국 금융기관이 중국상업은행이 설립한 자산관리회사에 합작, 지분 투자 장려 • 외국자산관리회사가 지배 주주인 자산관리회사의 설립을 허용 • 외국 금융기관의 퇴직연금관리회사의 투자 설립, 지분 참여 허용 • 외국 자본의 자금중개사 단독 출자 설립 또는 지분투자 허용 • 생명보험사의 100% 단독 투자 조기 허용(2021년→2020년) • 증권, 펀드관리회사, 선물사의 지분 제한을 조기 철폐(2021년→2020년) • 외자보험회사의 진입 요건 완화(30년 업력 요건 폐지) • 외국 투자자의 보험자산관리회사에 대한 지분 제한(25%) 폐지
채권 시장 선진화	• 외자 기관의 은행 간 시장 및 거래소의 모든 종목에 대한 신용평가 허용 • 은행 간 채권 시장에서 전국 단위 채권 발행 주관 업무 허용 • 외국기관 투자자의 은행 간 채권 시장 투자 편의성 확대

업의 대외개방 정책을 추진하는 내부 동력이 된 것이다.

관리감독 강화의 일환으로 기존 인민은행과 은행보험 증권감독관리위원회의 1행3회—行三会—를 인민은행 위에 국무원 직속의 금융안정위원회를 신설해 리스크 대처 총괄 기능을 부여한다. 은행보험의 대형 금융기관 혼업 경영 증가 대비 등 은행보험 관리감독 통합, IPO 등록제 커창반 신설 등의 추진을 위해 CSRC 기능은 유지하는 1위1행2회—委—行二会—체계로 금융감독 체계를 개편했다.

4차 산업과 디지털 경제 강화를 지원하기 위해서 민영자본은행***의 신규 설립을 과감히 허용하고, 중소기업 서민을 위한 금융기관 설립, 인터

*** 2014년 텐센트·알리바바·샤오미·수닝·신시왕 등 대표적인 인터넷 기업들을 대주주로 참여시키는 5개의 민영은행 설립을 허가했다. 연이어 2017년 3월까지 총 17개의 민영은행 설립을 허가해 그동안 전국 단위의 국유상업은행과 지역 단위의 지방 공기업 성격의 지역 은행으로 편성된 중국 은행 산업에 일대 변화를 일으켰다.

넷 금융 확장, 다층적 자본 시장 구조의 확장(커촹반), 벤처투자 규범화를 통해 난립한 VC/PE펀드를 대대적으로 정비하고 있다.

외자계 금융회사의 중국 진출

외자계Foreign affiliate의 중국 금융업 진출은 인허가 심사 기간 지연, 지분 비율 및 업무 범위 제한 등 정책적 장벽과 관습상의 장벽의 존재로 규모와 수익성에서 중국 금융회사에 열위를 면치 못하고 있다. 이 부분은 향후 중국이 금융 시장과 금융업의 완전 개방을 해도 오랜 시장 보호 조치로 중국 토종의 금융회사들이 시장을 장악한 상태여서 당장 유의미한 점유율을 차지하기는 쉽지 않아 보인다. 그럼에도 세계 2위의 자산운용 시장 등 시장 규모는 방대하고 금융 수준은 낮은 단계여서 전략적 접근이 필요하다.

분야별로 중국 내 외자계 금융회사들의 영업 현황을 개관해본다. 외국계 은행은 한정된 점포 수와 업무 범위, 상품 부족, 자금 조달 코스트(순이자 마진NIM)의 열세 등으로 중국계 은행에 비해 수익성이 절대적으로 미치지 못한다. 2018년 기준 중국 은행의 총 자산은 260조 위안(약 4.23경)

중외자 은행의 수익성 비교(2018년 6월 기준)

구분	여신 총액/부실 자산 비율	BIS 비율	ROA(ROE)	NIM
외국계 은행	13조 위안(1.2%)/0.63%	17.91%	0.7%	1.86%
전체 은행	1,085조 위안/1.86%	13.81%	1.0%(13.7%)	2.15%

이고 이 중 상업은행의 비중이 78%, 대형 국유상업은행인 중국공상은행, 중국농업은행, 중국은행, 중국건설은행, 중국교통은행이 37%를 차지한다. 반면 총 여신에서 외자계의 비중은 2%에도 미치지 못한다.

합자증권사의 경우 브로커리지 업무를 바로 영위할 수 없는 등 업무 범위와 소유 지분의 제한으로 경쟁력을 갖추기 어려운 구조다. 홍콩 소재 모회사가 아닌 순수 외자계 합자증권사의 중국 내 영업 이익 순위는 중국국제공사cicc 하나를 제외하고 모두 60위권 이하에 머물러 있다.

2017년 말 기준, 중국 경내 외자 합자증권사는 총 17개가 설립되

중국 내 합자증권사 영업 실적

합자증권사	외국인 주주	외자 비율	순이익 (만 위안)	순위	영업 이익 (만 위안)	순위
중국국제금융공사 (中国国际金融公司) (CICC)	GIC, KKR 등 5개사	49%	48709	27	209394	17
동방화기증권 (东方花旗证券)	东亚银行	49%	13758	75	49237	70
중덕증권(中德证券)	Deutsche Bank	33.3%	6956	89	29916	94
서은증권(瑞银证券)	UBS Asia, IFC	33% → 51%	4098	103	38562	79
고성고화증권 (高盛高华证券)	Goldman Sachs Asia	33.3%	2918	108	26609	98
서신방정증권 (瑞信方正证券)	Credit Suisse	33.3%	-2106	121	8540	122
신항증권(申港证券)	民众证券, 嘉泰新兴资本(홍콩계)	35%	-3300	123	13047	115
모건스탠리화신증권 (摩根士丹利华鑫证券)	J.P.Morgan Broking(홍콩)	33.3% → 49%	-3945	124	12266	118
화청증권(华菁证券)	万诚证券(홍콩계)	49%	-7108	128	2299	128

* 자료 출처는 중국증권업협회에서 가져왔다. 순이익 및 영업 실적은 2017년 상반기 기준이고 외자 비율은 2019년 6월 말 업데이트한 것이다.

었다. 그중 다이와, CLSA, RBS, JP모건은 외국 자본이 철수했고 4개사는 실질적 중국 자본(광대증권 등 홍콩에 모회사를 두고 있으나 실질은 중국 본토 회사)이다. 순수 외자 합자증권사는 전체 중국 증권사 129개 중 9개사 정도에 불과하다.

보험은 2017년 말 기준 중국 내에 손해보험 87사, 생명보험 88사로 총 175개사이며 그중 외자계 보험회사 수가 50개사로 약 30%를 점유하고 있으나 외자계 보험회사가 차지하는 수입 보험료 비중은 손해보험 2%, 생명보험 8% 수준에 머물고 있다. 생명보험사에 대한 향후 지분 완화 조치와 보험 중개 업무 및 손해사정 업무 개방 등으로 외자계의 문호가 넓어지나 브랜드와 판매 채널 면에서 중국 보험사들에 비해 경쟁력이 여전히 제한적이다.

국내 금융회사의 중국 진출

한국 금융회사의 중국 진출은 1990년대 이후 상업적 주재Commercial presence 방식으로 추진해왔다. 1997년 외환위기 시기의 감소세를 거쳐 중국이 2001년에 WTO에 가입하면서 금융회사의 진출이 급증했다. 은행과 보험업은 100% 법인 형태로 진출해 영업을 전개하고 있는 반면 금융투자업은 영업과 지분 제한으로 인해 진출 거점 수에 비해 영업을 활발하게 하고 있지 못하다.

국내 금융회사의 중국 진출은 거점 수로는 2012년 전체 해외 거점의 19.2%로 피크였다. 이후 동남아 진출이 활발해지면서 중국의 비중은 소

국내 금융회사 중국 진출 현황							
구분	은행	증권	자산운용	손해보험	생명보험	여신금융전문	합계
2011년	18	23	5	11	5	4	66
2018년	16	17	7	11	6	6	63

* 국내 금융회사의 중국 진출 거점(법인, 지점, 대표처의 합계) 점유율 추이는 다음과 같다. 61개(국내 금융회사 해외 진출 전체의 18.9%, 2009년)→68개(19.2%, 2012년)→66개(16.8%, 2015년)→63개(14.4%, 2018년). 동남아의 비중은 같은 기간 14%에서 22%로 증가했다.

국내 금융회사 중국 진출 금융회사별/진출 형태별 현황							
구분		은행	증권	자산운용	생명보험	손해보험	여신금융전문	합계
진출 회사 수*		11	11	7	3	6	6	44
진출 형태	현지법인	5	9**	5	3	5	6	33
	지점	7	–	–	–	–	–	7
	사무소	4	8	2	3	6	–	23
	합계*	16	17	7	6	11	6	63

* 진출 회사 수는 본사 기준이다. 진출 형태의 합계는 현지 진출 형태별이다. 예를 들어 삼성화재가 현지법인과 사무소를 각각 설립한 경우라면 진출 회사는 1개이나 진출 형태는 법인 1개, 사무소 1개로 2개다.
** CSRC가 인가하는 증권투자자문사가 아닌 일반 법인(투자자문사) 형태다.

폭 감소했다. 업종별로 증권업은 감소하고 여신금융전문업이 증가세를 나타냈다.

업종별 진출 현황을 개괄해본다. 은행업의 경우 국내 11개 은행이 현지법인 5개, 지점 7개 및 사무소 4개를 운영하고 있다. 우리은행·신한은행·하나은행·국민은행이 베이징에, 기업은행이 톈진에 현지법인을 설립했다. 산업은행(베이징·청두·심양), 대구은행(상하이), 부산은행(청두)은 현지에 지점 형태로 진출하고 있다. 수출입은행(베이징·상하이)과 농협(베이징), 광주은행(무석)은 사무소 형태로 진출하고 있다.

중국 금융 당국은 각 성, 직할시에 1개의 분행만 허가하고 있다. 각 분행 아래 복수의 지행 설치를 허가하고 있고 지역별로 베이징·상하이·톈진·청두 순으로 동부 지역에 편중돼 있다. 현지 점포 수는 하나은행과 외환은행의 합병으로 하나은행의 점포 수가 분행·지행 합쳐 31개로 가장 많다. 우리은행이 21개, 신한은행 18개, 기업은행 16개, 국민은행이 5개를 운영하고 있다.

CSRC 자료에 따르면, 2017년도 한국계 은행의 ROA는 0.2~0.6%, ROE는 2~4%이다. 이는 중국계가 평균 10%, 외자계 전체의 ROE가 4~6% 수준에 비해 낮은 실적이다. 현지법인들의 규모가 20~40억 위안 규모로 적자는 아니지만 기대에 미치지 못하고 있다. 이유는 무엇일까. 은행업의 기반이 예금 기반의 금융 조달 코스트와 기업 대출인데, 국내 금융회사들의 점포 수는 많지 않다. 게다가 자본금이 크지 않고, 국내 기업의 중국 진출 러시를 이루던 2000년대 중반 이후 대중 투자가 늘어나지 않았다. 양국 간 교역과 비즈니스 환경도 답보 상태이다.

보험업은 생명보험사 3개, 손해보험사 4개, 보증보험 1개, 재보험再保險 1개 등 총 9개사의 국내 보험사가 진출하고 있다. 생명보험은 삼성생명이 베이징, 한화생명이 항저우에 합자 형태로, 교보생명이 베이징에 사무소 형태로 진출해 있다. 손해보험은 삼성화재(상하이)와 현대화재(베이징)에 이어 KB손해보험(난징), DB손해보험(충칭)이 각각 현지법인을 설립했다.

일찍이 합자 형태로 중국에 진출했던 삼성생명의 합자 파트너는 기존 중국민항에서 중국은행으로 최대 주주가 변경*되었다. 그러면서 중국

은행이 지점망을 통한 판매 채널을 확대해 2014년 수익 보험료 1,627억 원에서 2016년 8,948억 원으로 크게 증가하고, 2017년에는 진출 12년 만에 30억 원의 흑자 전환을 성공했다.

손해보험사의 영업은 초기에는 중국 진출 계열사에 대한 화재보험, 적하보험積荷保險, 단체상해보험을 위주로 출발해 중국인 대상 상해보험, 주택화재보험과 로컬 중소기업을 대상으로 영업을 확대하고 있다. 2012년 10월 CSRC가 외자계 손해보험사의 자동차 책임보험 업무를 신규로 허용하면서 현대 및 삼성화재가 관련 업무에 진출했다. 2017년 기준 한국계 보험사 순손실 1,570만 달러로서 국내 진출 기업 중심의 영업을 넘는 뚜렷한 실적은 내지 못하고 있다.

금융투자업은 증권사 10개, 자산운용사 6개 등 16개 금융투자사가 현지법인 14개(비증권 일반 투자자문사** 형태), 사무소 10개(증권 대표처 8개+운용사 대표처 2개) 등 24개 거점을 운영하고 있다. 2017년 기준, 한국계 금융투자회사의 영업 실적은 80만 달러 순손실을 나타내고 있다. 대부분 주요 증권 운용사가 중국 현지에 사무소 내지 비증권 일반투자자문사 형태의 진출을 하고 있지만, 진출 기간에 비해 실제 업력을 만들 수 있는 여건을 만들지 못하고 있다. 최근 사모증권투자펀드 라이선스를 미래에셋운용이 허가받았다. 중국은 증권 자산운용 선물업의 외자

---

* 중국은 보험 업무의 60%가 은행 창구를 통해서 이뤄진다. 중국은행은 전국 지점망이 1만 5,000개이며, 국유상업은행 중 유일하게 생명보험사를 보유하지 못해서 51%의 최대 주주로 합자 생명보험사에 참여, 삼성생명 25%, 중국민항 24%를 보유하고 있다.

** 투자자문사는 CSRC로부터 인가를 받은 증권투자자문사가 아니라 중국 상무국에 등록한 일반법인 형태다. 주로 IPO, M&A 등 대상을 발굴해 본사에 연결하거나 리서치 업무, 중국 소재 한국 기업의 인민폐 채권 발행 자문 등 업무를 수행하고 있으나 제한적이다. 최근 딜소싱(투자처 발굴), IB 자문 형태의 수익 업무를 발굴하고 있다. 사무소는 영업 행위를 할 수 없다.

단독 진출을 허용하지 않다가 2020년을 기점으로 전면 개방했다.

한편 한국 금융 산업의 중국 진출은 상업적 주재가 중심이었다면 중국 금융의 한국 진출은 국유상업은행과 자본 시장을 중심으로 이뤄졌다. 은행업의 진출은 4대 국유상업은행을 필두로 중국은행, 중국공상은행, 중국건설은행, 중국농업은행, 중국교통은행, 중국광대은행 등 6개 전국 단위 은행이 현지법인 형태로 진출하고 있다. 중국공상은행, 중국은행이 각기 3개 지점을 포함해 총 12개 거점을 설치했다. 중국 은행들은 국내에서 위안화·원화 예금 업무뿐 아니라 위안화 예금을 바탕으로 국내 증권사를 통해 ABCP 발행(3% 전후)을 통해 자금 확보, 국내와 중국 본토의 대출 PF 운용을 통해 높은 수익을 시현하고 있다. 자산 규모가 영미계 은행을 추월해 약 50조 원 수준이며 수익도 연 1,000~3,000억 원에 이른다.

증권은 초상증권, CLSA증권(중신증권이 인수)이 현지법인으로 신은만국증권의 사무소가 나와 있다. 보험은 안방보험이 인수한 동양생명과 ABL보험이 있다.

중국 자본의 국내 투자 현황은 이렇다. 국내 상장주식 보유 규모는 11.6조 원(외국인 보유액 575.8조 원 중 2%, 2019년 4월 말 기준), 상장채권은 아시아가 47.1조 원 보유 중(전체 112조 원 중 국가별 통계는 2016년 이후 공표하지 않음)으로 국내 자본의 중국포트폴리오투자가 기존의 적격외국인기관투자자QFII 및 홍콩의 중국 주식(H주, 레드칩)을 포함한 펀드 투자 중심에서 2014년 이후 후강통 선강통을 통한 개별 주식 투자도 이뤄지고 있으나 주식과 채권 투자의 전체 규모 면에서는 2011년부터 중국이 한국을 능가하고 있다. 이는 중국의 해외투자가 아직은 국부펀드나

적격기관투자자QDII를 통해서 매우 제한적으로 이뤄진다는 것을 감안하면 향후 중국 개인 자본의 해외투자가 이뤄진다면 유력한 투자처가 한국이 될 수 있다는 것을 의미한다. 향후 중국 개인의 해외투자가 이뤄질 때 코리아 디스카운트가 코리아 프리미엄이 될 수 있을 것이다.

국내 금융회사의 현지 영업 애로 사항과 과제

중국 금융 산업의 개방 확대에 따라 일찍이 국내 금융회사들의 중국 진출이 러시를 이뤘지만, 현재까지 진출의 역사나 업력에 비해 이렇다 할 성과가 나지 않았다. 다음은 현지 금융회사의 법인장들과의 인터뷰를 통해 대표적인 영업의 애로 사항들을 정리한 것이다

한국계 은행들은 ROE가 중국계 은행보다 낮으나 NIM 등 글로벌 기준으로 낮지 않아서 적자가 나는 것은 아니다. 그러나 한국의 모은행 차원에서 보면 금리와 예대비율(예수금 대비 대출 비율) 창구 지도 등 영업 규제가 까다로운 중국보다 공격적 영업 확장이 가능한 동남아의 선호 현상도 중국으로 진출하는 한국 은행의 정체 현상에 한 요인이 되고 있다. 중국 지방 소재의 로컬은행에 대한 투자도 검토되나 중국 은행들의 재무제표와 부실 대출 수치에 대한 신뢰성이 낮고 IPO 외에는 Exit 하기 어렵다는 점이 제약 요소다.

은행 업무의 가장 큰 제약 요소는 상대적으로 작은 자본금 규모(국내 은행들의 중국 현지법인 자본금은 20~40억 위안 수준)와 중국 상업은행법상 동일인 여신 한도를 BIS 기준 자기 자본의 10%, 동일 집단은 15%로

제한하고 있어 한국계 기업들에 대한 여신을 키우기 어렵다. 한국은 각기 20%, 25% 기준을 적용한다. 중국이 예대금리를 자유화하고 예대비율 75% 룰을 폐지했다고 하나 금리 가이드라인, 중소기업 대출 비율 등 창구 지도 형태의 영업 규제가 상존한다.

이외에도 외자계 은행들의 분점과 지점을 설치할 때는 여전히 지역적 제한이 있다. 신상품 출시 때마다 건건이 허가 시간이 걸린다. 점포 폐지 시 고객 동의 요건, 데이터와 서버의 중국 경내 구축 의무화, 고객 정보의 경외 유출 불허, 전산회사와 IT 관련 규제 등 소소한 영업 규제들은 보이지 않는 영업 장벽이다.

생명보험에 대한 지분 제한 철폐와 보험 중개 업무, 손해사정 업무를 개방해 중국 보험업에 관한 외국인 투자를 확대할 여건은 조성되었지만 보험업은 금융 산업 중에서도 가장 대표적인 인지도 비즈니스라는 점에서 중국계와 글로벌 보험사에 비해 판매 채널과 브랜드 인지도 등이 열위에 있어 진출하는 데 한계가 있다.

최근 중국은 외자보험사의 지점 설치 인가 요건인 30년 이상 사업 경험, US 50억 달러 이상의 자산, 최저 자본금 2억 위안, 지점 설립 신청 기간 6개월 이상 소요(법적 비준 기간의 준수 필요) 등 완화 조치 실시를 공표했으나 실제 분공사를 설립하는 데는 여전히 어려운 것으로 알려져 있다. 독자 중개 및 대리 업무가 가능한 것으로 발표되었으나 막상 실제 개설과 운영까지는 시간이 걸릴 것으로 전망한다.

증권업은 반드시 중국계 증권사와 합자를 통해서만 진출이 가능하다. 지분은 49%를 넘지 못하고 가장 돈이 되는 브로커리지 업무를 하려면 반드시 일정 기간(설립 후 5년) 경과 요건을 두고 있어서 주로 IB나

언더라이팅Underwriting 업무에 치중할 수밖에 없었다. 2020년 4월부터 지분 제한이 철폐되고 반드시 중국 증권사와 합자해야 하는 제한이 완화되면서 명목상의 중국 증권업은 완전 개방을 공표한 셈이다.

중국은 세계에서 2번째로 큰 선물 시장을 보유하고 있다. 선물회사도 2018년 기준 149개나 있다. 그중 중외합자 선물사는 단지 3개사다. 이는 2007년 12월에 외국 투자자에게 중국선물회사 지분 참여를 허용한다고 공표했으나 구체적인 시행 세칙을 마련하지 않아 문이 닫혀 있었다. 선물업도 100% 외자 진입을 허용한다고 발표했는데 향후 구체적인 기준과 주가지수 선물거래의 참여 요건 등이 나와야 할 것이다.

금융의 반도체를 기대하며

한·중 금융협력은 글로벌 금융 시장의 변방인 한국과 중국이 상호 지역 경제협력과 금융 산업 경쟁력 차원에서 절실히 필요하다. 금융은 규제 산업이고 라이선스 비즈니스다. 최근 중국은 미·중 무역전쟁 와중에 자의 반 타의 반으로 금융 시장의 개방을 서두르고 있다.

문이 열릴 때 들어가야 한다. 은행보험은 규모의 경제가 작용하고 자국 기업의 뒷받침이 있어야 한다면, 금융투자업 또는 자산운용업은 글로벌 플레이어는 아니어도 위안화 경제권, 중국 시장에서는 붙어볼 만하다. 삼성전자와 현대차를 위시해서 1조 신화를 쓴 초코파이와 K뷰티까지 한국의 강점을 금융투자업에서 충분히 발현할 만하다.

과거 2차례의 큰 글로벌 위기 상황에서 아시아의 약진이 확인되었다.

위기는 같이 겪지만 위기 이후 시장 점유율의 변화에 주목할 필요가 있다. 2008년 리먼브러더스 이후 중국의 생산과 내수 시장이 동시에 급성장하면서 한국의 점유율도 높아졌다. 코로나19로 글로벌 공급망이 무너지고 향후 회복하는 데 상당한 시일이 걸릴 것을 우려하고 있다. 그 와중에 한국의 IT와 의료 시스템을 연결한 K방역이 세계의 주목을 받았다. 예전에는 자본력이 부족해서 또는 규모가 되지 않아서 밖으로 나갈 여력이 없었는데 지금은 세계 3대 펀드인 국민연금을 비롯해 개인들도 박스피를 벗어나 해외 선진 시장과 신흥 시장에 ETF 등 다양한 형태의 포트폴리오 투자를 한다.

트레이딩 시스템은 우리가 뛰어나다. 성과만 있다면 어디든 돈은 몰린다. 우리 금융 시장만으로는 수용이 어렵다. 중국은 제조와 수출뿐 아니라 금융 시장 규모도 G2다. 시장이 확대될 때 우리 몫을 확보해야 한다. 문화의 한류와 금융 시장의 차화정(자동차·화학·정유), 전차(전자·자동차) 군단, K뷰티, K방역까지 그 무대와 진원지는 중국이었다. 이제 K금융의 전진 기지를 놓쳐서는 안 될 것이다. 한·중 금융협력의 몇 가지 제언을 정리해본다.

중국의 금융 산업 및 자본 시장 분야의 개방 확대 시점에 맞춰 적극적인 진출을 모색해야 한다. 통상 국가별 보이지 않는 쿼터제가 있다. 최근 중국의 자본 시장과 금융투자업 분야의 개방을 확대하는 시점에서 커촹반 개설, 유니콘 기업의 발굴 등 Exit 기회의 확장, 4차 산업혁명 분야의 활발한 투자 등을 뒷받침할 합자증권사, 공사모펀드관리사 등 중국 자본 시장 영역의 진출을 적극 모색할 시점이다. 우리 금융회사들의 적극적인 모색도 중요하나 정부 간의 협력도 긴요하다.

제조나 무역 분야에 비해 상대적으로 금융 분야가 덜 발달한 한·중 양국의 입장에서는 금융협력의 전략적 강화 방안으로서 중국 내 특정 지역(산둥성 칭다오 등)을 한·중FTA 금융 서비스 시범 지역으로 적극 활용할 필요가 있다. 중국은 국가 간 금융 개방의 경우 금융 시스템의 통제 이탈을 우려하고 있어 WTO 양허 수준을 넘어서는 개방을 허용하지 않으려 한다. 이때 사용했던 방법이 특정 지역에 시범 사업 형식으로 우회하는 방식이다. 중국은 홍콩, 대만, 싱가포르와 금융협력을 지역시범 사업으로 진행한 경험이 있다. 중국 홍콩 간 포괄적경제동반자협정CEPA에 따라 홍콩 및 마카오계 금융회사의 초기 중국 진출 요건 완화로 조기에 진출을 할 수 있었다. 중국 대만 간 경제협력기본협정ECFA에 따라 대만 증권사가 상하이, 푸젠성, 선전 등에서 합작 증권사를 설립할 때 지분을 51%까지 보유하는 것을 허용했다.

우리 금융회사들의 접근 방식은 직접 진출해 거점을 확보하는 아웃바운드Outbound 전략 위주였다. 코로나19 이후의 세계는 언택트 경제가 일상화되는 시대에 맞게 국경 간 자본 협력의 필요성이 점증할 것이다. 국경 간 자본 협력의 형태로 공동 펀드 조성을 통해서 지역 간 유력 기업의 상호 진출을 촉진해야 한다. 벤처 유망 기업을 발굴하고 시장 확대를 지원하며, 자본과 기술의 제3국 시장 공동 진출도 지원해야 한다. 이렇게 다양한 조합들의 배경에는 자본의 협력이 뒤따라야 한다. 이를 위해서는 당연히 상상력과 전략이 필요하다.

흔히 강대국의 조건으로 제조-무역-군사-금융 강국의 수순을 밟는다고 한다. 한국과 중국은 글로벌 금융 시장에서 선진국 반열에 이르지 못했다. 제조 기술 분야에서는 유니콘과 글로벌 제조사들이 즐비한 데, 금융과 IB에서는 글로벌 플레이어가 아직 없다. 시장이 커서 매출은 글로벌 수준일 수 있으나, 영미 시장과 글로벌 금융 시장의 강자는 아니다. 위안화 경제권이 태동하고 있다. 제조와 교역 내수의 기반과 축적되는 자본을 바탕으로 이제 경쟁력을 만들어가야 할 때다.

최근 코로나19의 시름을 잊게 한 전 국민의 트로트 열풍은 늘 클래식과 팝송과 오페라에 한 수 접히는 것 같았던 우리 것이, K팝 BTS에 이어 K트로트의 가능성을 발견했다. 아마 지금 같은 관심과 자원이 집중된다면 머지않아 글로벌 무대에서도 통할 수 있을 것이다. 우리 금융과 금융회사도 수입과 모방에서 중국의 금융 시장 개방 확대를 기점으로 중국 시장에서 K금융의 성공 스토리를 만들어서 금융의 삼성전자, 금융의 반도체를 만들어가기를 기대해본다.

참고자료
"중국 금융시장 개방에 따른 외국금융회사의 중국진출 현황 및 특징", 〈자본시장포커스〉, 2019년 7호.
"중국 금융시장 개방확대와 한·중금융협력", 〈중국산업경제브리프〉, 산업연구원, 2019년 7월.
"중국 금융업 대외개방 확대 조치", 〈주간금융브리프〉 27권 10호, 한국금융연구원, 2018.

5장

중국 신형 인프라 건설과 VC의 기회

고영화 | 서울대학교 조선해양공학과 학사·석사, 중국 대외경제무역대학 국제무역 박사를 수료했다. 전 과기정통부 산하 한국혁신센터KIC 중국센터장, 북경보라통신 총경리, 미국 OpenTV 한국지사장, 삼성SDS 해외사업팀에서 일했다. 현재 SV인베스트먼트 고문, 베이징대학 한반도연구소 연구원으로 일하고 있다.

**AFTER
C⊛RONA**

코로나19를 겪으면서 중국 사회도 큰 변화를 맞이하고 있다. 2003년 사스에 대한 공포가 잊힐 즈음에 다시 돌아온 이번 바이러스는 중국은 물론이고 세계에 이전과는 판도가 다른 고민을 안겼다. 2009년 세계 금융위기가 닥쳤을 때 중국 정부는 내수 경기 활성화를 통해 위기를 극복하려고 '4조 위안 인프라 투자 계획'을 발표했다. 그로 인해 중국은 세계 금융위기를 극복하고, 2009년 GDP 9.2% 증가, 2010년 GDP 10.4% 증가, 2011년 GDP 9.3% 증가 등 고속 성장을 이어갈 수 있었다. 코로나19를 맞이한 중국은 다시 한 번 내수 경기 진작을 위해 '신형 인프라 건설'이라는 이름의 대규모 인프라 투자를 준비하고 있다.

2019년 중국 창업투자vc 시장은 한마디로 자금 경색이 심화되고 있다. 중국의 VC기금 신규 모집은 2016년을 정점으로, VC투자는 2018년을 정점으로 하락세를 보이고 있다. 코로나19의 영향으로

2020년 1분기의 VC투자금액은 전년 대비 40% 정도 하락하는 등 최악의 자금 한동기寒冬期를 맞이했다.

그렇다면 중국 신형 인프라 건설 계획을 분석하겠다. 중국의 2019년 VC투자 시장을 되돌아보고 2020년 VC 시장을 전망하면서 한국의 VC 기업에게는 어떤 기회가 있는지 살펴보자.

신형 인프라 건설, 내수 경기 부양을 위한 대규모 인프라 투자

신형 인프라 건설新基建은 '신형 인프라스트럭처 건설'의 준말이다. 이전과 달리 디지털 경제의 인프라 건설을 통해 코로나19 위기에 빠진 중국 내수를 불러일으키고 고용을 창출하겠다는 구상이다.

신형 인프라 건설 예산 관련 중국 언론의 보도를 보면, 〈허쉰신문和讯新闻〉은 34조 위안(약 5,780조 원), 신랑재경新浪财经은 40조 위안(약 6,800조 원), 소후망搜狐网은 50조 위안(약 8,500조 원)이라는 어마어마한 규모를 예측하고 있다.

그렇다면 '신형 인프라 건설'은 무엇인가? 2020년 3월 4일 중공중앙정치국상무위원회* 회의에서 다음과 같이 5G, 공업인터넷, 빅데이터센터, AI, 특고압, 신에너지차/충전소, 성省간 철도/시내 철도 등을 '신형 인프라 건설 7대 핵심 분야'로 선정했다.

---

* 중공중앙정치국상무위원회(中共中央政治局常务委员会)는 중국공산당 중앙위원회 정치국 상무위원회의 준말이다.

구분	신형 인프라 건설 7대 핵심 분야						
	정보통신망				에너지망		교통망
7대 핵심 분야	5G	공업 인터넷	빅데이터 센터	AI	특고압	신에너지 차/ 충전소	성간 철도/ 시내 철도
관련 산업	기지국 광모듈 광케이블	로봇 클라우드 AI	IDC 서버 DB	인식 기술 식별 기술 AI 로직	송전 설비 변압 설비	충전소	철도 설비 철로
기반 기술	PCB·반도체·센서·기초 SW·AI 로직				제조 설비 전력망 시스템		철강 기계 설비

출처: 화타이증권, 2020

5G 인프라는 신형 인프라 건설의 핵심 중의 핵심이며 관건은 5G 기지국의 건설이다. 2019년 10월 31일, 중국 3대 이동사가 5G 상용 서비스를 정식 개통한 이후 2020년 2월 말까지 5G 요금제 가입자*는 2,613만 명이 되었고 기지국 수는 13만 개가 되었다. 과거 3G 건설 시 '자본적 지출CAPEX'의 매출 비중은 24%까지 올라갔었고 4G는 35%를 넘었으며 5G는 투자 비용이 더 늘어날 전망이다(둥우증권东吴证券, 2020). 중국 3대 이통사는 2019~2025년 사이에 466만 개의 기지국을 건설할 예정이며 총 예산은 6,284억 위안(약 106조 원)에 이른다(치엔잔산업연구원前瞻产业研究院, 2020).

---

* 중국 이동통신사들은 5G폰이 없어도 5G 요금제 패키지 가입이 가능하다. 이를 유도하는 마케팅을 진행하고 있다. 따라서 중국의 실제 5G 이용자는 5G 요금제 가입자 수보다 적을 것으로 추정된다. 중국 5G 요금제 가입자 수는 2020년 2월 기준 차이나모바일 1,540만 명이고 차이나텔레콤은 1,073만 명인데 차이나유니콤은 실적을 공개하지 않고 있다.

공업인터넷IoT은 공업인터넷산업연맹이 작성한 '공업인터넷 표준 체계工业互联网标准体系, 버전 2.0'에 따르면 인터넷, 플랫폼, 안전 등 3대 기능 체계를 시스템적으로 구축해 사람·기기·사물을 전면적으로 상호 연결시키는 스마트 네트워크 인프라다. 중국산업정보망 통계에 따르면, 2017년에는 IoT 접속 기기 수 15.35억 개, 2020년에는 160.6% 늘어난 40.0억 개로 예상하고 있다. 가트너 예측에 따르면, 2020년 전 세계 IoT 접속 기기 수가 총 208억 개로 늘어나 연 34% 성장을 달성할 것으로 예상한다(둥우증권, 2020).

빅데이터센터는 인터넷 수요를 가진 사용자를 위해 컴퓨팅·스토리지·네트워크 장비를 집중 보관하는 장소를 제공한다. 산업인터넷, 클라우드 컴퓨팅, AI 등 산업 발전의 매우 중요한 인프라다. 2017년 말 기준, 세계 클라우드 시장은 미국의 아마존, MS, IBM, 구글 등이 59%를 차지하고 있는데 중국은 알리바바가 점유율 3%로 5위를 차지했을 뿐이다(시너지리서치그룹Synergy Research Group, 2018). 중국은 미국과의 격차를 줄이기 위해 집중 투자할 것으로 예상한다. IDC 투자 규모는 2020년 4,166.8억 위안에서 2025년 7,070.9억 위안으로 추정하고 있고 연평균 11.2% 성장이 기대된다(치엔잔산업연구원, 2020)

AI는 4차 산업혁명의 핵심 기술이다. 중국은 2017년 '차세대 인공지능 발전 계획新一代人工智能发展规划'을 발표했는데 자율주행차, 스마트시티, 의료 영상, 음성 인식, 얼굴 인식 등 AI 분야를 집중 육성하고 있다. 이번에 AI를 신형 인프라의 하나로 포함시킨 것은 앞으로 AI를 모든 산업의 기본 인프라로 활용하겠다는 중국의 전략적 대전환을 보여주는 것이다. 중국 AI 산업은 2015~2018년 연평균 54.6% 성장하더니 2018년에는 415.5억 위안(약 7조 원) 규모의 시장으로 성장했다(치엔잔산업연구원, 2020). 전 세계 AI 영역 투자 규모는 1위 미국, 2위 중국 순이다. 미·중은 다른 나라 투자금액과 10배 이상 차이가 나기 때문에 그야말로 미국과 중국의 '쩐의 전쟁'이라고 할 수 있겠다(중국전자학회中国电子学会, 2020).

특고압 건설은 중국 서남부의 수력 발전소와 북부 사막 및 오지에 건설한 대규모 신재생 에너지 발전소의 전력을 동부 대도시로 끌어오는 송전 설비를 건설하는 것이다. 송전 거리가 2,000㎞가 넘는 구간은 전송 도중 70~80%의 전력이 손실되기 때문에 전송 효율를 높이기 위해 특고압을 활용해야 한다. 최근 중국은 산업화와 도시화가 심화되면서 2010~2019년 매년 전력 수요가 5.6~7.6% 증가하고 있다. 2019년에는 2018년보다 5.6% 늘어난 7조 2,255억kWh의 전력 수요가 발생했다. 2019년에는 이를 대도시로 끌어오는 송전 사업인 '9교류10직류九交十直' 사업을 착수했다. 이는 9개의 특고압 교류 송전 시설과 10개의 특고압 직류 송전 시설이다(치엔잔산업연구원, 2020).

신에너지차의 보급이 늘어나면서 충전소는 차세대 에너지 인프라로 자리 잡아가고 있다. 충전소의 확충은 순수 전기차 사용자의 충전에 대한 초조함을 해결하고 사용자 경험을 향상시키는 중요한 부분이다. 중국은 2019년 '신에너지차 발전 계획新能源车发展规划'을 발표했다. 2025년에 신에너지차 시장 점유율 25% 달성을 국가 목표로 설정했다. 2019년 신에너지차 시장 점유율이 5% 안팎인 점을 고려하면 2020년부터 대대적인 신에너지차 보급 정책의 추진이 필요하다. 2019년에 신에너지차 3.5대당 1 충전소 비율을 달성했는데, 신에너지차 보급이 늘어나면 충전소의 보급도 같은 비율로 늘어날 전망이다(치엔잔산업연구원, 2020).

성간 철도 및 시내 철도 건설은 기본적으로 2016년판 '국가 중장기 철도망 계획国家中长期铁路网规划'에 따라 2020년 말까지 전국 철도망 규모는 고속철 3만㎞를 포함해 15만㎞, 2025년 말까지 철도망 규모는 고속철 3.8만㎞ 포함해 17.5만㎞를 건설할 계획이다. 2019년 9월 발표한 '교통 강국 건설 요강交通强国建设纲要'은 2035년까지 전국에 '123출행권123出行圈', 즉 도시 구간 1시간 통근, 인접 도시군 2시간 도달, 전국 주요 도시 3시간 내 접근을 목표로 시내 철도도 확충하고 있다. 2019년 말까지 누적으로 철도망은 2018년 대비 6.9% 증가한 14.0만㎞를, 고속철도는 2018년 대비 20.7% 증가한 3.5만㎞를 개통했다. 지하철·전철·경전철 등의 시내 철도는 6,730.3km(전년 대비 16.8% 증가)를 개통했다(화타이증권华泰证券, 2020).

신형 인프라 건설 7개 핵심 과제를 선정한 배경은 2가지다. (1) WEF가 발표한 '2018년 글로벌 경쟁력 보고'에 따르면, 중국은 141개국 중 36위를 기록했다. 5위를 차지한 일본, 13위의 미국과 비교해 순위가 많이 떨어진다. 국가 경쟁력이 떨어지는 근본 원인이 되는 기술을 선정했다. (2) 디지털 기술에 대한 투자는 비디지털 기술 투자에 비해 투자 수익이 6.7배가 되기 때문에 디지털 경제의 인프라를 핵심 과제로 선정했다(둥우증권, 2020).

7대 핵심 과제를 잘 살펴보면 5G, 공업인터넷, 빅데이터센터, AI 등은 새로운 기술로서 혁신 분야이고 특고압, 신에너지차/충전소, 성간 철도/시내 철도 등은 중국이 오래전부터 진행을 해왔고 기술적으로도 경쟁력이 있으나 지속적으로 추진하는 보충 분야다(치엔잔산업연구원, 2020).

종합해보면 신형 인프라 건설은 중국의 디지털 경제 활성화를 위해 원래 필요한 신형 인프라가 존재했고, 코로나19를 맞이해 하락하는 경기 부양을 위해 이 신형 인프라를 건설하는 데 투자를 집중하겠다는 것이 중국의 전략적 선택으로 보인다. 현재 신형 인프라 건설은 7대 핵심 분야를 선정해놓았지만 구체적인 실행 방안과 예산을 결정하지 않았다. 2020년 열리는 양회에서 결정될 것으로 예상한다.

2020년 4월 17일 중국 국가통계국国家统计局 발표에 따르면, 중국의 1분기 GDP 증가율은 −6.8%로 전분기의 6.0% 대비 12.8% 급락했다. IMF는 최근 발표한 〈세계경제전망World Economic Outlook〉 보고서에서 2020년 중국의 경제 성장률 전망치를 1.2%로 전망했다. 이는 문화대혁명이 끝난 1976년(−1.6%) 이후 40여 년 만에 가장 낮은 수치다. 코로나19에 따른 충격을 극복하기 위해 통화·재정정책을 아우르는 강도 높은 부양책을 내놓을 것으로 전망한다("코로나19 충격에 중국 1분기 성장률 −6.8%… 사상 최저", 〈연합뉴스〉, 2020년 4월 17일).

1949년 신중국 건국 이후 중국은 2020년 최초로 '양회'를 3월에 열지 못하고 있다. 상반기로 연기돼 열 것으로 예상한다. 코로나19 고강도 부양책의 중심이 될 신형 인프라 건설의 계획과 예산은 이번 양회의 최대 관전 포인트가 될 것이다.

2019년의 중국 VC투자 시장

2019년 VC기금 신규 모집 현황을 보면, 2016년을 정점으로 3년째 지속 하락하고 있다. 2019년 신규 기금은 702건으로 전년 대비 4.2% 감소

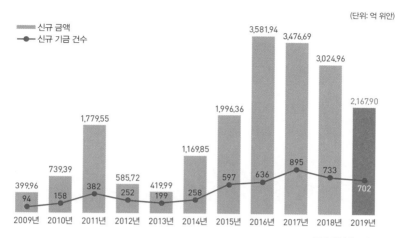

중국 VC투자기금 신규 모집 현황(2009~2019)

(단위: 억 위안)

신규 금액
신규 기금 건수

연도	신규 금액	신규 기금 건수
2009년	399.96	94
2010년	739.39	158
2011년	1,779.55	382
2012년	585.72	252
2013년	419.99	199
2014년	1,169.85	258
2015년	1,996.36	597
2016년	3,581.94	636
2017년	3,476.69	895
2018년	3,024.96	733
2019년	2,167.90	702

출처: 칭커연구센터, 2020

했고, 신규 금액은 2,167.90억 위안(약 36.85조 원)으로 전년 대비 28.3%
감소했다. 신규 기금의 규모도 2018년 4.13억 위안(약 702억 원)에서
2019년에는 3.09억 위안(약 525억 원)으로 전년 대비 25.2%가 작아졌다
(칭커연구센터清科研究中心, 2020).

2019년 VC투자금액을 보면, 2018년을 정점으로 2019년에는 하락세
로 돌아섰다. 2019년 투자 건수는 3,455건으로 전년 대비 20.0% 감소했
고 투자금액은 1,577.80억 위안(약 26.8조 원)으로 전년 대비 25.5% 감소
했다. 투자 분야는 투자금액 기준으로 IT 〉인터넷 〉의료 건강 〉반도
체/전자 설비 또는 기계 제조 〉통신 및 부가서비스 순이다(칭커연구센터,
2020).

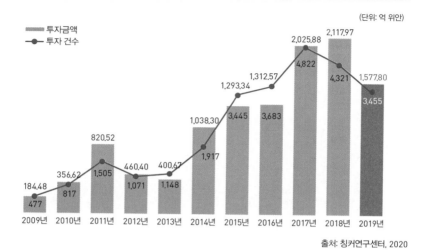

중국 VC기금 투자 현황(2009~2019)

(단위: 억 위안)

■■■ 투자금액
●── 투자 건수

출처: 칭커연구센터, 2020

중국 VC 시장의 구조적 자금 경색

중국의 자금 경색 이유를 살펴보자.

중국은 2014년 9월 리커창 총리가 다보스포럼에서 '대중창업만중혁신大众创业万众创新'을 선언하고 대대적인 활성화 정책을 펼치게 된다. 핵심의 하나로 2015년에 국가신흥산업창업투자인도기금国家新兴产业创业投资引导基金 400억 위안(약 2.4조 원)과 국가중소기업발전기금国家中小企业发展基金 600억 위안(약 10.2조 원)이라는 모태 기금을 2개 결성해서 3년에 걸쳐 VC 운용사에게 운용을 맡겨 레버리지를 3배 정도했다. 그렇게 해서 앞서 설명한 '중국 VC투자기금 신규 모집 현황' 도표에서 보듯이 2015~2017년에 신규 결성 기금이 2014년의 2~3배가 되었다.

이때 결성된 중국의 VC기금은 '3+2+1' 제도로 운영된다. 즉 3년간 투자하고, 2년간 회수하고, 회수가 되지 않으면 1년 연장할 수 있는 6년 기한으로 되었다. 그렇게 되면 투자는 2016~2018년에 집중되고, 투자 회수는 2019~2021년에 집중되는 주기를 맞는다. 결국에는 신규 자금이 공급되지 않으면 2019~2021년까지 구조적인 자금 경색을 맞이할 수밖에 없다.

중국 정부가 2019년에 갑자기 커촹반*을 개설한 이유도 IPO를 통한 투자 회수를 확대해서 VC 시장의 자금 경색을 완화하기 위한 조치다. 하지만 2019년부터 시작된 VC 시장의 구조적 자금 경색 국면은 2020년 코로나19를 맞으면서 더욱더 심화되었다.

중국의 2015~2017년 결성된 VC기금의 투자 및 회수 시점

	2015년	2016년	2017년	2018년	2019년	2020년	2021년	2022년
2015년 결성 기금 1,996억 위안(34조 원)	투자				회수	연장		
2016년 결성 기금 3,581억 위안(61조 원)		투자				회수	연장	
2017년 결성 기금 3,476억 위안(59조 원)			투자			회수		연장

---

* 커촹반(Star Market)은 2019년 6월 설립된 중국의 벤처기업 전용 주식 거래 시장이다. 6대 기술, 즉 신세대 정보기술, 고기술 장비, 신재료, 신에너지, 에너지 절약/환경 보호, 생물 의약 등의 기업을 우대한다. 중국 최초의 상장 등록제 시장이며 차별 의결권을 인정하는 등 획기적인 제도를 채용하고 있다.

2020년 중국 VC투자 기술 트렌드

2020년 중국 VC투자 시장을 전망하기 위해 기술 트렌드와 중국 정부의 VC투자 시장 관련 정책 방향, 중국 VC투자업계의 변화를 살펴보겠다. VC투자는 세계적인 기술 트렌드에 맞춰 선행 투자를 하는 것이 큰 흐름이다.

해마다 8월경 가트너그룹이 발표하는 '유망 기술 하이프 사이클 보고서_{Hype Cycle for Emerging Technologies}'는 향후 기술 트렌드를 대변하는 보고서다. VC들은 이런 트렌드 중에서 2~5년 내 실현 가능한 기술을 개발하는 기업에 투자한다. 실제로 중국에서도 '하이프 사이클'의 예측에 따

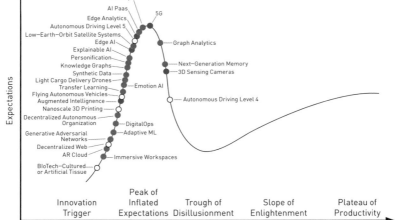

라 2016년에는 가상현실AR/VR, 2017년에는 AI, 2018년에는 블록체인, 2019년에는 5G와 인공지능 반도체Deep Neural Network ASICs 등에 많이 투자했다. 2019년에는 엣지 분석Edge Analytics, 엣지 인공지능Edge AI, 증강 지능Augmented Intelligence 등을 추천했고 코로나19가 없었다면 2020년에는 이런 기술들에 VC투자가 몰렸을 것이다.

2020년 중국 정부의 VC투자 시장 관련 정책 방향

한 국가의 정책은 해당 산업에 많은 영향을 주는데 특히 사회주의 계획 경제체제를 표방하는 중국에서 정부정책의 영향력은 더욱 크다. 2020년 중국의 VC투자 시장 관련 정책은 크게 5가지로 볼 수 있다.

(1) 외국인의 투자 환경 개선이다. 세계은행WBG이 2019년 10월 발행한 〈사업 환경 보고Doing Business 2020〉의 '비즈니스 환경' 순위에서 중국은 31위를 차지했다. 2018년 보고서에서는 78위, 2019년에는 46위를 차지한 것에 비하면 엄청나게 향상된 것이다. 중국은 이 순위를 더 끌어올리고 싶어 한다. 이런 면에서 2019년 발표한 '외상투자법'은 외상투자기업에 대한 내국민 대우, 정책의 공평 적용, 정부 조달 참여 보장, 네거티브 리스트 제도 적용, 각급 정부의 외국 투자자에 대한 계약 및 확약 이행 의무화 등을 규정하고 있다. 외상투자법은 중국의 개혁개방의 역사에서 외국직접투자FDI 유치를 위해 제정된 '외자 3법' 즉, '중외합자경영기업법中外合资经营企业法'(1979), '외자기업법外资企业法'(1986), '중외합작경영기업법'(1988) 등을 하나로 통합한 법률이다. 2020년 1월 이 법이 시행되면

- 신용평가사 설립 허용

- 상업은행의 금융 상품회사 설립 및 지분 참여 허용

- 중국 은행 및 보험사 합자 금융 상품회사 설립 허용

- 양로기금관리회사 설립 및 지분 참여 허용

- 외환거래회사 설립 및 지분 참여 허용

- 2020년부터 인신보험 지분 참여 100%까지 허용

- 보험자산관리회사 25% 이상 지분 참여 허용

- 외자보험회사 진출 조건 완화 및 30년 경영 제한 취소

- 증권회사, 기금관리회사, 선물거래회사 지분 제한 철폐

- 은행 간 채권 시장 A류 주거래 허가증 허용

- 투자은행 간 채권 시장 간소화

출처: 칭커연구센터, 2020

외국인의 중국 투자 환경은 많이 개선될 것으로 기대된다(법무법인 태평양, 〈최근 제정된 중국 외상투자법 분석 및 유의점〉, 2019년 3월 27일).

(2) 금융 시장 개방 확대다. 2019년 7월 발표한 '11개 금융업 대외개방 조치'가 2020년에 본격적으로 실시돼 금융업이 대폭 개방될 전망이다.

(3) VC투자기금 관리 강화다. 중국 VC투자 시장 30년 동안 시장 규모와 관리 기관의 수량은 지속 성장했다. 하지만 인민폐 기금은 과도 성장 중이고, 관리 기관도 변혁이 필요한 시점이다. 단적인 예로 2019년 말 중국증권투자기금업협회中国证券投资基金业协会, AMAC에 등기된 투자기관GP 수는 1만 4,882개사에 달하지만 실제 투자 활동을 하는 기관은 18.8%밖에 되지 않는다. 중국 정부는 VC기금 관리를 강화하기 위해 금융기구 자산관리업무 규범 관련 지도의견关于规范金融机构资产管理业务的指导意

见(2018), 사모투자기금 등록 준칙私募投资基金备案须知(2019), 창업투자기업 및 엔젤투자 개인 관련 세금정책关于创业投资企业和天使投资个人有关税收政策的通知(2018), 정규금융기구 자산관리상품투자 창업투자기금 및 정부출자 산업투자기금 규범화 관련 사항关于进一步明确规范金融机构资产管理产品投资创业投资基金和政府出资产业投资基金有关事项的通知(2018) 등의 규정을 대거 제정하고 시행하고 있다(칭커연구센터, 2020).

(4) 주식상장 등록제 전면 실시다. 2019년 6월 설립한 커촹반에 중국 주식 시장에서는 최초로 상장 등록제가 도입되었다. 상장 등록제를 6개월간 시험 운영한 후에 12월에 '증권법证券法' 개정안이 통과되었다. 증권법(개정안)은 중국의 모든 주식 시장의 상장 방식을 상장 등록제로 전환하고, 채권 발행 조건 및 절차를 간소화하며 정보 공개 관리를 강화했다. 새로운 증권법에 따라 2020년 3월부터 중국의 모든 주식 시장*의 상장 방식은 상장 등록제를 전면 실시하게 되어 있다(칭커연구센터, 2020).

(5) 대규모 정책 기금의 운영이다. 2019년 중국 정부는 '국가반도체산업투자기금** 2기' 2,041.5억 위안(약 35조 원) 및 '중국제조업구조조정펀드国家制造业转型升级基金' 1,472억 위안(약 25조 원) 등 2개의 대형 기금을 설립했다. 특히 중국제조업구조조정펀드(2019년 11월)는 신재료, 차세대 정보기술, 전력 설비 산업의 구조조정을 목적으로 재정부 및 19개 공기

---

* 중국의 주식 시장은 상하이거래소에 주판과 커촹반이 있고, 선전거래소에 주판, 중소기업판, 창업판이 있다.

** 중국은 '국가반도체산업발전추진강요(国家集成电路产业发展推进纲要)'(2014)에 따라 2025년 반도체 국산화율 70%를 목표로 설정하고, '국가반도체산업투자기금(国家集成电路产业投资基金)'(2014) 9,872억 위안(약 170조 원)을 계획했다. 일명 '빅펀드(大基金)'라고 부른다. '국가반도체산업투자기금 1기'(2014)는 1,387억 위안(약 23조 원)을 조성해 70여 개사에 투자했다.

업/기금 등이 공동 설립했다. 성장기 및 성숙기의 기업에 전략적 투자SI 및 재무적 투자FI를 할 예정이다. 이 기금들은 이번에 확정될 신형 인프라 건설의 기반 기술과도 관련성이 많아 주목해볼 필요가 있다.

2020년 중국 VC투자업계의 변화

2020년에는 중국 VC투자업계 자체적으로도 많은 변화가 예상된다.

(1) 사내벤처캐피탈CVC: Corporate Venture Capital의 역할 심화다. 2010년 중국 CVC투자금액은 VC투자 시장의 4.3% 정도를 차지했으나, 알리바바가 미국에 상장한 다음 해인 2015년부터 VC투자 시장에서 상당한 영향력을 발휘하기 시작했다. 2019년에는 전체 VC투자금액의 16.9%를 차지했고, 앞으로 그 역할은 확대될 것이다. 텐센트, 알리바바, 바이두, 샤오미의 VC투자는 투자자 랭킹 상위에 있다. 산업 집단이 투자 활동을 통해 자사의 혁신을 유도하는 동시에 산업 전체의 업그레이드를 가속하고 운영 효율을 높이며 비상장주식 시장의 가치 발굴을 촉진하고 있다(칭커연구센터, 2020).

(2) 중국 SSecondary기금의 폭발적 증가다. S기금은 기존 기금Fund에 출자한 출자자LP의 기금에 대한 지분을 제3의 출자자에게 양도하는 기금 지분의 2차Secondary 거래를 전문으로 하는 펀드를 말한다. 최근 5년 동안 중국 기금의 2차 거래 건수는 연평균 38.8% 성장했고 금액은 연평균 80.1% 성장했다. 미국과 비교해보면 중국의 VC/PE 총 자금 규모는 66.7%이지만 S기금의 규모는 2.0%밖에 되지 않기 때문에 향후 발전 여

지가 충분하다(칭커연구센터, 2020).

(3) VC 자금 경색의 지속이다. 중국은 2019~2021년 동안 VC투자 시장의 구조적 자금 경색 국면을 맞이할 것이고 2020년이 가장 심각하다. 그런데 코로나19를 맞아 중국 전 산업계에 자금 부족이 나타나면서, 엎친 데 덮친 격으로 VC투자 자금 경색이 최악의 상황으로 가고 있다.

신형 인프라 건설 속에서 기회를 찾아야

코로나19 대비 중국 정부의 경기 부양책인 신형 인프라 건설 사업으로 5G, 공업인터넷, 빅데이터센터, AI, 특고압, 신에너지차/충전소, 성간 철도/시내 철도 7가지 핵심 분야의 성장이 기대된다. 신형 인프라 건설의 기반 기술인 PCB, 반도체, 센서, 기초 SW, AI 로직 등의 기술이 투자자의 관심을 더욱 받고 있다.

VC투자 시장을 보면 '대중 창업, 만중 혁신' 정책을 통해 2015~2017년 결성된 기금의 회수 기간이 겹치는 2019~2021년에 VC투자 시장 자금 경색이 발생하고, 코로나19가 겹쳐서 자금 사정은 더욱 어렵게 되었다. 중국이 외국인 투자 환경을 개선하고 있고, 금융 시장 대외개방을 확대해 해외 금융 기업에 대한 시장 분위기도 우호적이다.

한국의 벤처기업은 신형 인프라 건설과 관련해 경쟁력 있는 기술이나 제품이 있다면 중국을 진출하는 데 좋은 기회가 될 것이다. 제품이나 기술을 수출하는 방법도 있지만, 현지에 직접 투자를 원한다면 상대적으로 VC업계에 자금이 풍부한 한국에서 투자를 받아 중국의 관련 기업을 M&A하는 형태로 진출하는 방법을 생각해볼 수 있다.

한국의 VC 기업들은 자금 경색을 겪고 있는 2019~2021년이 중국 진출의 적기다. 신형 인프라 건설 관련 신규 기업들이 많이 창업하고 있는데 자금 부족으로 피투자기업들의 기업 가치 평가액이 매우 낮다. 중국 현지에서 유니콘으로 성장할 수 있는 유망한 기업을 몇 개 찾는 것은 그리 어려운 일이 아닐 것이다.

한국 정부는 신형 인프라 건설과 관련된 '한국 기업의 중국 진출을 위한 현지 환경 조성' 사업을 추진하는 한편 기업들의 현지 투자 자금 부족을 해결하기 위해 '한국 기업의 중국 진출을 위한 투자기금 조성' 사업을 추진하기를 건의한다.

지금은 코로나19를 전 세계에서 가장 모범적으로 이겨낸 한국의 저력을 바탕으로 코로나19 이후 급성장 중인 중국 신형 인프라 건설 시장을 개척할 때 기존과 같이 '제품 수출'을 추진함과 동시에 '자본 수출'을 병행하기에 좋은 시기다.

참고자료
东吴证券, 〈2020年Q2投资策略:拥抱科技新基建, 拥抱确定性〉, 2020.
艾瑞(iResearch), 〈2020年疫情下中国新经济产业投资研究报告〉, 2020.
前瞻产业研究院, 〈2020年中国新基建产业报告〉, 2020.
中信建投, 〈5G换机与创新周期开启, 产业链上下游有望多点开花〉, 2020.
清科研究中心, 〈2019年中国股权投资市场回顾与展望〉, 2020.
华泰证券, 〈详解新基建:规模、内涵与投资机遇〉, 2020.

6장

코로나19 이후
중국 경제 정책의 향방

유호림 | 중국인민대학교 재정금융학원에서 세무학 전공으로 박사학위를 취득했다. 박사과정 중에는 주중한국대사관에서 경제 전문가로 활동했으며, 박사학위를 취득한 후 2007년에는 신한금융그룹(신한은행) 미래전략연구소에 입사해 대중국 투자전략 및 거시경제와 금융 시장 분석 업무를 담당했다. 이후 2008년 강남대학교 세무학과 전임교수로 임용되어 현재까지 중국 거시정책과 중국세법 및 한국세법과 국제조세 등을 연구해왔으며, 중국자본시장연구회 학술담당 부회장이다. 주요 저서로는《중국상장기업의 조세부담연구》(중문)《중국세법》(한글)《중국 중장기 경제개혁 과제와 전망》(한글, 공저)《중국의 번영을 위한 전략적 선택》(역서, 원저자: 리이닝, 멍샤오쑤, 리위앤차오, 리커창)《부가가치세법론》(한글, 공저) 등이 있다.

중국의 2020년 1분기 거시경제 동향 분석:
코로나19의 경제적 충격 지속

2020년 4월 20일 중국 국가통계국에서 발표한 1분기 경제 동향에 따르면, 중국의 2020년 1분기 GDP 성장률은 −6.8%로 개혁개방 이후 최대의 경기 후퇴를 기록했다. 산업별로 보면 1차 산업은 −3.2%로 집계되었으며 2차 산업과 3차 산업 또한 각각 −9.6%와 −5.2%를 기록하는 등 모든 산업 분야에서 매우 큰 폭의 경기 하강을 보였다. 국가통계국의 1분기 GDP 성장률은 중국의 각급 연구기관 및 증권사 등 경기 전망 기관의 컨센서스인 −6.5%보다 낮은 것으로 나타나 우려를 더했지만, 글로벌 투자기관의 컨센서스인 −15%(바클레이)나 −9%(골드만삭스)의 예측보다 양호한 것으로 확인되었다는 점은 그나마 다행으로 생각한다.

중국 국가통계국의 2020년 1분기 거시경제 통계를 구체적으로 살펴보자. 산업 생산과 고정자산투자의 경우 각각 전년 동기 대비 −1.1%와 −16.1% 하락한 것으로 나타났다. 이는 2020년 1~2월에 전년 동기 대비 각각 −13.5%와 −24.5%의 급락세를 기록했던 것과 비교하면 코로나19의 점진적인 해소와 더불어 중국 경제가 다소나마 회복되는 추세를 보이고 있다는 것을 시사한다. 그러나 산업 생산과 고정자산투자가 여전히 마이너스 증가율을 기록하고 있다는 점에서 보면 아직은 중국 경제에 코로나19의 충격이 지속되고 있으며 1분기 내내 그 충격에서 벗어나지 못하고 있다는 것으로 해석된다.

2020년 1분기에 외상투자기업의 산업 생산량이 가장 큰 폭의 감소세(전년 동기 대비 −14.5%)를 기록했다는 점은 향후 중국에 대한 외국인의 투자에 큰 영향을 줄 수 있는 요소로 생각한다. 다만, 산업용 로봇 생산량이 전년 동기 대비 12.9%의 증가세를 보였다는 것은 코로나19로 인해 산업 현장의 자동화가 더욱 빠르게 진행되고 있음을 반증하는 것으로 판단된다. 고정자산투자의 경우 SOC와 제조업 및 부동산 투자가 각각 1~2월 대비 10.6%p, 6.3%p, 8.6%p 증가세를 보였음에도 불구하고 전년 동기 기준으로는 각각 19.7%, 25.2%, 7.7% 하락한 것으로 보아 최근 수출보다는 내수와 투자 중심으로 경제 구조를 전환해온 중국이 2020년에는 매우 어려운 시기를 보내게 될 것으로 예상한다.

한편 중국의 1분기 도시 지역 실업률은 1~2월의 6.2% 대비 소폭 하락한 5.9%를 기록해 비교적 안정적인 것으로 보인다. 그러나 2019년 3월 말 농민공農民工: 도시로 이주해 노동자의 일을 하는 농민 수가 1억 7,651만 명이었으나 2020년 2월 말 1억 2,251만 명인 것으로 집계되었다. 2020년 1~2월 춘절春節 기간 중에 귀향했다가 생산 현장에 복귀하지 아니한 농민공이 약 5,000만 명에 이르는 것으로 추산된다. 이는 코로나19로 인해 노동 집약적 산업 현장에 노동력이 충분히 공급되고 있지 못함을 의미한다. 나아가 도시 지역을 제외한 농촌 지역에서는 아직 코로나19가 완전히 통제되지 않은 것으로 해석되는 부분이다.

이 밖에 중국의 1분기 내수 소비는 −15.8%를 기록한 것으로 확인되었다. 이는 1~2월의 −20.5%보다 4.74%p 회복한 수치이기 때문에 중국의 내수 소비가 다소 회복하고 있는 것으로도 보이나, 내수 소비가 중국의 GDP에서 차지하는 비중이 약 58%에 달한다는 점을 고려하면 아직까지 내수 경기가 살아나고 있다는 신호로 판단하기에는 무리가 있다.

요식업은 전년 동기 대비 −44.3%를 기록했다. 인터넷 판매액 또한 전년 동기 대비 0.8% 하락였다는 점은 서민 경기와 밀접한 내수 소비가 여전히 부진하다는 것을 의미한다. 중국의 경기 위축이 생각보다 심각한 상황임을 유추할 수 있는 근거로 여겨진다.

중국의 2020년 1분기 소비자물가는 4.9% 상승했으나 생산자물가PPI는 −0.6%를 기록한 것으로 집계되었다. 소비자물가는 1~2월의 춘절 연휴에 따른 계절적 영향과 코로나19 여파로 인해 물동량이 감소하면서 비교적 큰 폭으로 상승한 것으로 생각한다. 소비자물가 중 돼지고기 가격이 전년 동기 대비 122.5% 폭등하는 등 식품 물가가 14.9% 급등했다. 그 결과 코로나19로 실업이 증가하고 소득이 감소하고 있는 중국 인민들의 가처분소득을 크게 침식하고 있는 것은 아닌지 우려된다. 다만, PPI의 경우 국제 유가 하락과 코로나19로 인해 지속적인 하락 추세를 보이고 있기 때문에 중국 내의 코로나19가 완전히 진정되면 향후 중국 내의

구분	1분기	발표 시기	직전 통계
GDP 성장률	−9.8%	2020년 3월	1.5%
GDP 연간 성장률	−6.8%	2020년 3월	6%
실업률	5.9%	2020년 3월	6.2%
물가 상승률	4.3%	2020년 3월	5.2%
인플레이션율(월간)	−1.2%	2020년 3월	0.8%
금리	3.85%	2020년 4월	4.05%
지급 준비율	12.5%	2020년 4월	12.5%
무역수지	199억 달러	2020년 3월	−35.48억 달러
GDP 대비 정부 부채	50.5%	2018년 12월	46.8%
기업 신뢰 지수	52	2020년 3월	35.7
제조업 PMI	50.1	2020년 3월	40.3
서비스 PMI	43	2020년 3월	26.5
소비자 신뢰 지수	119	2020년 2월	126
소매 판매(월간)	0.24%	2020년 3월	−3.64%

물동량이 회복되면서 식품 물가도 안정적인 추세를 보일 것이다.

2020년 1분기 중국 인민의 명목 가처분소득은 8,561위안을 기록해 전년 동기 대비 0.8% 증가한 것으로 나타나지만 물가 상승을 고려한 실질 가처분소득은 −3.9%로 확인되었다. 도시 주민의 실질 가처분소득은 −3.9%를 기록했으나 농촌 주민의 실질 가처분소득은 도시 주민보다 약 0.8%p 더 낮은 −4.7% 감소를 기록해 농촌 주민이 도시 주민보다 코로나19로 인한 경기 침체의 영향을 더욱 크게 받은 것으로 나타난다. 이 밖에 급여 소득자의 가처분소득은 명목 기준으로 약 1.2% 증가한 것으로 집계되었으나 자영업자의 영업 순이익은 −7.3%를 기록했다. 코로나

19로 인한 경제적 충격이 급여 소득자보다 자영업자에게 훨씬 크다는 점을 고려하면 코로나19로 인한 경기 하강은 주로 농민과 도시 자영업자 등 서민 경제에 더 큰 타격을 주고 있는 것으로 보인다.

중국의 1분기 수출입은 각각 전년 동기 대비 −11.4%, −0.7%로 큰 폭의 감소세를 시현했음에도 불구하고 약 983억 위안의 무역 흑자를 기록했다. 다만, 3월의 수출과 수입이 각각 전년 동기 대비 −6.6%와 −0.9%의 감소세를 기록해 중국 내부의 시장 컨센서스인 −12%(수출) 및 −7.9%(수입) 대비 비교적 양호한 수준이라는 점에서 보면 향후 중국 경제가 의외로 빠른 반등세를 보일 수 있음을 반증하는 것으로도 보인다.

그러나 중국이 전통적으로 춘절이라는 계절성 요인으로 인해 매년 1~2월의 수출과 수입이 큰 폭으로 감소하지만 3월과 4월에는 수출과 수입 모두 급증하는 추세를 보였던 점을 감안하면 2020년 1분기까지의 수출입 동향은 매우 큰 폭의 감소세를 보이고 있는 것으로 해석할 수 있다. 현재 미국과 유럽 등 중국의 주요 수출국 모두 코로나19로 인해 소비와 투자가 급격한 감소세를 보이고 있으며 고용마저 불안한 상황을 보이고 있다는 점을 고려하면 향후 중국의 교역이 단시일 내에 반등할 수 있는 여지는 크지 않을 것으로 전망한다.

이처럼 중국은 2020년 1분기에 소비와 투자 및 수출이라는 국민 경제 3대 요소가 모두 매우 큰 폭의 하락세를 기록하면서 코로나19로 인한 경기 후퇴가 지속되고 있는 것으로 보인다. 중국의 경제 성장에서 가장 큰 비중(GDP 대비 약 58%)을 차지하는 내수 소비가 여전히 회복되지 않는 상황에서 고용 또한 감소세를 보이고 있을 뿐 아니라 돼지고기 등 식품 물가가 앙등하고 있다는 점에 주목할 필요가 있다.

이러한 내수 경제의 침체는 결과적으로 코로나19로 인해 경제적으로 큰 타격을 받고 있는 중국 인민들의 가처분소득을 침식하는 결과로 귀결될 수밖에 없다. 이러한 상황은 2020년 샤오캉小康: 모든 국민이 풍족한 사회의 완성을 선포해야 하는 시진핑 지도부에게 정치적·경제적으로 매우 큰 압력으로 작용할 것으로 생각한다.

따라서 시진핑 지도부는 코로나19가 종식되는 경우 현재의 경제적 난국을 타개하기 위해 적극적이고 대대적인 경기 부양 정책을 추진할 가능성이 매우 높다. 최근 중국 언론에서는 14차 5개년 규획인 14.5규획(2021~2025)의 핵심 정책 방향인 최소 40조 위안(약 7,000조 원) 규모의 '신형 인프라 건설 7대 산업'을 조기에 시행해 코로나19로 인한 경기 후퇴를 예방할 것으로 보도하면서 그 규모와 집행 시기가 더욱 커지고 앞당겨질 것으로 전망하고 있다.

다만, 과거 금융위기 시절 단행했던 소비쿠폰 지급 등 내수 소비를 위한 현금 살포 정책은 그 효과가 뚜렷하지 않았다는 이유로 정책 순위에서 밀린 것으로 보이지만, 최근 소비 감소와 물가 상황 및 고용 상황 등을 고려하면 소비쿠폰 지급 등을 포함한 포괄적이고 대대적인 내수 촉진 정책을 집행할 가능성도 배제할 수 없다.

중국의 코로나19 통제 여부에 대한 2가지 관점:
짧고 두루뭉술했던 양회

최근 미국이나 유럽 등 인구가 3억 명을 초과하는 대규모 경제권에서의 코로나19를 보면 알 수 있듯이 코로나19는 강력한 전파력을 보이면서 급속도로 감염자를 양산하고 있다. 더구나 미국과 유럽의 위생 환경이나 의료 수준이 중국보다 훨씬 양호함에도 불구하고 두 경제권에서 불과 2~3개월 만에 수십만 명이 감염되고 수만 명이 사망하고 있다는 현실은 공포스럽기까지 하다. 미국과 유럽 등의 국가들이 중국에 비해 월등히 높은 수준의 의료 선진국으로 알려져 있음에도 불구하고 모두 초기 방역에 실패하면서 수십만 명이 감염되고 수만 명이 목숨을 잃고 있다는 점에 주목해야 한다.

그렇다면 상술한 의료 선진국에 비해 보건 의료 수준이 열악한 것으로 알려져 있는 중국의 코로나19 통제 상황은 어떠한가. 국내외의 각종 언론 매체에 따르면, 마치 중국에서는 코로나19를 거의 종식된 것처럼 보도하고 있다. 그러나 현재 중국의 코로나19 통제 상황을 이야기하려면 상대적으로 의료 인프라를 잘 갖춘 동부 연안 지역 중심의 1선 도시 지역과 아직까지 기본적인 의료 인프라조차 제대로 갖추지 못한 2·3선 지역인 중서부 지역의 현급 시와 농촌 지역으로 나눠 생각해볼 필요가 있다. 이유는 중국 중서부 농촌 지역의 경우, 설령 그 지역에 거주하는 인민들이 코로나19에 감염되었다 할지라도 감염자 스스로가 바이러스에 감염되었는지 또는 그로 인해 사망했는지 판단조차 불가능할 정도로 진단이나 치료가 가능한 의료 인프라가 갖춰져 있지 않기 때문이다.

이러한 관점에 기초하면 중국은 코로나19 발원지로 지목되고 있는 우한시를 포함해 비교적 의료 인프라를 잘 갖춘 동부 연안 지역 대도시의 경우, 비교적 높은 수준의 의료 인프라를 바탕으로 적극적인 봉쇄와 진단·치료를 통해 현재는 통제 가능한 상황인 것으로 보고 있다. 중국 정부의 코로나19 관련 공식 통계 또한 주로 이러한 대도시를 중심으로 집계해 발표하고 있는 것으로 생각한다. 그러나 기본 의료 인프라조차 갖추지 못한 중국 중서부에 소재하는 2·3선 지역의 현급 시와 소규모 농촌의 경우, 의료 인프라가 부족해 중국 정부의 코로나19 관련 공식 통계에서 빠져 있거나 집계되지 않았을 가능성이 매우 크다. 물론 이러한 상황은 코로나19가 급속하게 전파되고 있어 의료 시스템이 붕괴 직전에 있는 미국과 유럽 등의 국가에서도 비일비재하게 벌어지고 있다.

따라서 현재 중국의 코로나19 통제 상황을 보다 정확히 판단하기 위해 중국 정부에서 고의로 허위 통계를 발표했는지 여부에 불구하고 중국 정부에서 발표한 공식 통계보다 2·3선 지역의 실업률과 공업 생산량이나 전력 소비량 등 실제 산업 생산 관련 통계를 구체적으로 확인할 필요가 있다. 이는 중국의 2·3선 지역에 소재하는 현급 시나 농촌 지역은 여전히 노동 집약적 산업 중심으로 경제 구조가 형성돼 있기 때문이다. 만일 중국의 2·3선 지역에 소재하는 현급 시나 농촌 지역의 4월 통계에서 실업률이 감소하고 산업 생산량이나 전력 소비량이 3월 대비 급증하는 추세를 보이는 것으로 나타난다면, 중국은 동부 연안 지역의 대도시뿐 아니라 내륙 지역인 중서부의 2·3선 지역에 소재하는 현급 시 등 중소 도시와 소규모 농촌에서도 코로나19를 완전히 통제 가능한 수준인 것으로 볼 수 있을 것이다.

중국의 코로나19 통제 상황을 확인하기 위해 중국 정부에서 발표하고 있는 동부 연안 지역 중심의 통계보다는 내륙 지역인 2·3선 지역의 산업 생산량과 전력 소비량 등 간접적인 통계 자료를 중국 경제의 V자형 회복 여부를 가늠할 수 있는 중요한 지표로 봐야 할 것이다. 중국의 내류 지역에서도 코로나19가 통제 가능한 것으로 확인되는 경우, 중국 정부는 2020년 5월 안에 코로나19의 종식을 선언하고 코로나19로 위축된 경기 회복을 위한 전면적인 정책 집행에 돌입할 가능성이 매우 크다. 코로나 기간 동안 2·3선 지역의 현급 시나 농촌 지역의 관련 통계가 예상보다 좋지 않았다. 그래서 중국은 5월 21일부터 28일까지 이전보다 짧게 양회를 마쳤다. 이번 양회는 관심을 끌었던 성장률 발표나 후계 구도 지목이 빠지는 등 두루뭉술하게 지나갔다.

　이번 양회는 코로나19가 아직 종식되지 않은 진행형이라는 것을 인정했고, 전 세계가 어려운 상황에 직면해 있는 만큼 내부적인 안정화가 그 어느 때보다 절실하다는 것을 강조했다. 또 정부의 적극적인 경기부양정책을 통해서 국민이 안정적인 삶을 꾸리는데 치중했다는 평가를 받는다. 더욱이 집권 이후 치열한 권력 투쟁을 통해 절대 권력을 구축한 시진핑의 경우, 중국 지도부의 장기 국가 전략인 '2개의 백년' 중 1번째 백년의 목표에 해당하는 '샤오캉 사회'의 실현을 선포해야 하고, 2번째 백년의 목표인 '사회주의 국가의 완성'을 위한 단계적 추진 전략과 보완 전략을 제시해야 하는 2020년에 코로나19가 터지면서 '내치'에서 큰 난관에 봉착한 것으로 생각한다. 게다가 미국의 한반도 사드THAAD 배치에 따른 동북아에서의 군사적 영향력 확대 및 미·중 무역전쟁 과정에서 보여진 시진핑 정권의 무력한 대응 등 글로벌 정치·경제 분야에서의 전략 부재는 시진핑 지도부가 '외치'에서도 한계를 드러내고 있으며 향후 중국 지도부의 새로운 권력 투쟁에 불씨가 될 수 있을 것으로도 예상할 수 있는 지점이다.

　이 밖에도 시진핑 지도부에서 코로나19 초기에 국무원 총리인 리커창을 우한에 보내 민심을 다독였다. 이 시도는 '내치와 경제는 총리 담당'이고 '외교와 군사는 주석 담당'이라는 전통적 권력 분점에 대한 묵시적 합의를 깬 행동이다.

'신시대 중국 특색의 사회주의'라는 미명 아래 '내치와 경제 및 외교와 군사' 등 모든 권력을 독점해 1인 집권 체제를 구축한 시진핑 주석에게는 민심 이반을 초래하는 결정적 사건이었다. 이후 이러한 비난 혹은 비판을 극복하기 위해 시진핑 주석이 베이징과 우한 등의 대도시에 직접 시찰을 나가는 과정에서 후진타오 총서기나 원자바오温家宝 총리 등 과거의 공산당 지도자와 달리 매우 권위적인 행보를 보였다. 그 결과 중국 인민들로부터 민심을 얻는 데 또다시 실패하고 만다.

이 같은 국내외 상황을 종합적으로 고려하면 시진핑 지도부에서 코로나19가 완전히 종식되지 않은 상황에서 양회를 개최하는 것은 부담이 컸던 것으로 보인다. 하지만 성장률을 발표하지 못하는 상황에서도 이번 행사를 치른 것은 2020년이 전면적인 샤오캉 사회 건설 완성을 위한 마지막 해, 빈곤 탈피 목표 달성을 위한 마지막 해, 제13차 5개년 규획의 마지막 해, 향후 5년간 중국 경제의 청사진을 제공할 제14차 5개년 규획을 논의하는 해였기 때문이다.

다행히 양회는 큰 잡음 없이 끝났지만, 홍콩 보안법 문제로 인한 내외의 압박이 심하다. 이런 상황에서 한반도의 사드 문제, 미국의 내분 문제, 미국의 G7에 한국과 인도를 포함하는 G11 추진 등 복잡한 과제가 산재해 있다. 중국의 한반도에 대한 전략적 가치는 한층 더 높아진 만큼 시진핑 주석의 방한 등은 큰 흐름 속에서 조심스럽게 여부나 시기가 결정될 것으로 보인다.

코로나19 이후 중국의 경기 부양책 전망: 소비인가 투자인가

　최근 우리나라 언론에서는 중국 지도부에서 양회를 통해 코로나19를 극복하기 위한 내수 소비 촉진 중심의 경기 부양책과 그 규모가 결정될 것으로 보도하는 경향을 보인다. 그러나 중국 정부는 14.5규획에 반영된 계획에 기초해 각종 정책을 준비해왔는데, 향후 코로나19의 진정 여부 및 양회 개최 시기와 무관하게 대규모의 경기 부양 정책을 빠르게 집행할 것으로 예측된다. 이는 2020년 1분기의 각종 경제 지표에서 나타나듯이 중국 경제가 개혁개방 이후 가장 심각한 경기 후퇴를 보이고 있기 때문이다. 양회라는 연례적 정치 행사의 개최보다 경기 회복을 위한 정책 집행이 더욱 시급한 상황이란 얘기다.

　구체적으로 미·중 무역전쟁이 치열했던 2019년의 경우 12개월 중 7개월간의 수출이 마이너스 성장을 기록했을 뿐 아니라 2020년 1~2월 통계에서도 전년 동기 대비 −17.2% 하락을 기록하는 등 1분기 수출 또한 −11.4%(3월 수출이 −6.6%로 집계돼 다소 호전돼 나타난 수치)에 그치고 있다. 기타의 주요 경제 지표 또한 급락하는 등 중국은 코로나19 이후 급격한 경기 하강을 보이고 있다. IMF 등 대부분의 국제 금융기관도 코로나19의 세계적 확산과 그에 따른 글로벌 경기 하강을 전망하면서 2020년 주요국의 경제 성장률을 속속 인하하는 등 전 세계적으로 심각한 경기 침체를 예고하고 있다. 향후 중국 경제가 수출 증대를 통해 V자형 경기 반등을 보이기 어려울 것이라는 점을 반증하는 것으로 생각한다.

　2019년 중국의 GDP에서 소비와 투자 및 수출이 차지하는 비중을 보면 각각 57.80%, 31.20%, 11.00%에 달하고 있다. 2019년 현재 중국의

GDP에서 소비와 투자가 차지하는 비중이 거의 90%에 달하는 것이다. 이는 중국이 수출이 아니라 내수와 투자 중심의 경제 구조로 변모했다는 것을 의미한다. 동시에 향후 시진핑 지도부는 소비와 투자를 촉진해 경기 회복을 추진하는 거시정책을 집행할 것으로 예상할 수 있는 대목이다. 코로나19 이후 중국은 소비와 투자를 촉진하는 방향으로 정책 역량을 집중할 가능성이 매우 높다. 이를 계기로 소비와 투자 중심의 자력 경제체제로의 전환을 모색할 것이다.

다만, 코로나19 이후 중국 동부 연안 지역의 대도시들이 봉쇄되면서 내수 소비가 큰 폭으로 감소했으나 전파력이 매우 강한 코로나19의 특성으로 인해 단시일 내 내수 소비가 활성화될 가능성은 높지 않다. 코로나19로 인해 급감한 내수 소비를 촉진하려면 산업 생산이 증가해 노동력이 투입되면서 인민(농민공 등 저소득층)의 가처분소득을 제고하는 과정을 선행해야 한다. 그러나 국내 경기의 선순환 모델을 구축하기까지는 시간이 꽤 들기 때문에 단기간 내 정책 효과를 보기는 어렵다.

따라서 시진핑 지도부는 단기간 내 경기 회복을 촉진해 일정 수준의 경제 성장률을 유지하기 위해 내수 소비보다 투자 확대를 중심으로 대규모의 경기 부양 정책을 집행할 것으로 예상한다. 2003년 '코로나19'와 유사한 감염병인 '사스' 이후 중국의 경제 회복기에 투자의 GDP 기여도가 약 70%에 달했음을 상기하면 이번에도 소비 촉진 정책보다 고정자산투자 등 투자 중심의 경기 부양 정책을 집중 집행할 것으로 보인다.

이러한 환경을 고려하면 중국은 산업 투자를 강력하고 빠르게 촉진할 수 있는 정부 주도의 강력한 투자 정책이 필수적이다. 그러나 중국은 이를 위한 기본 정책인 '신형 인프라 투자 정책'을 마련해두었다. 덕분에 시

2020년 신형 인프라 투자 계획 및 규모	
구분	신형 인프라 투자 계획
5G	2,400억 위안(약 40조 원)
IDC	1,200억 위안(약 20조 원)
고속철도	5,400억 위안(약 93조 원)
AI	1,200억 위안(약 20조 원)
산업인터넷	1,200억 위안(약 20조 원)
전기차 충전소	200억 위안(약 3조 원)
특고압 설비	800억 위안(약 13조 원)
합계	1조 2,400억 위안(약 209조 원)

장의 예상보다 빠르고 강력하게 대규모의 경기 부양 정책을 집행할 것
으로 예상한다. 중국 각급 지방정부는 2020년 초부터 '5G, 고속철도와
경전철, 신에너지 및 전기차, 빅데이터, AI, IoT' 등 7대 산업에 대해 약
34조 위안[약 6,000조 원, 중앙정부 포함 최대 40조 위안(약 7,000조 원)으로
추산] 규모의 신형 인프라 투자 정책을 집행하기 위한 준비가 끝나 있다.

  신형 인프라 투자 정책은 2018년 12월의 중앙경제회의와 2019년 정
부공작보고 및 2020년 제1차 국무원 상무회의에서 확정된 내용이다. 관
련 예산 또한 대규모의 국채와 지방채를 발행해 확보할 수 있도록 계획
돼 있다. 시진핑 지도부의 결정만 있으면 언제든지 즉시 집행이 가능한
상황인 것이다. 2019년 11월 25일 국무원 총리인 리커창은 "국민 경제와
사회 발전을 위한 14.5규획 편제 회의"에서 "14.5시기"를 "발전 방식을
전환하고 경제 구조를 업그레이드하며 성장 동력을 전환해야 하는 중요
한 시기"로 언급하면서 SOC의 업그레이드(스마트시티 건설)를 주요 전략

시기	회의 명칭 및 정책 보고서	주요 내용
	신형 인프라 투자 정책의 추진 과정 및 주요 내용	
2018년 12월	중앙경제회의(中央经济会议)	• 5G, AI, 산업인터넷, IoT 등 신형 기초 시설 건설
2019년 3월	정부공작보고(政府工作报告)	• 신시대 정보 기초 시설 건설
2020년 1월 3일	국무원 상무회의(国务院常务会议)	• 선진제조업 발전 • 정보통신 등 신형 기초 시설 투자 관련 정책 지원을 통한 AI형 및 환경 보호형 제조업 추진
2020년 2월 14일	중앙전면심화개혁위원회 제12차 회의(中央全面深化改革委员会第十二次会议)	• 기초 시설은 경제 사회 발전의 중요한 요소이므로 종합적인 업그레이드와 융합 발전을 목표로 종합적인 계획을 수립 • 전통 시설과 신형 시설의 발전을 추진해 고도 집약적이고 경제에 적용 가능하고 AI 및 환경 보호를 추구하는 안전한 현대적 기초 시설 시스템을 구축
2020년 2월 21일	중앙정치국회의(中央政治局会议)	• 진단제, 의약품, 방역 관련 R&D를 강화해 바이오 의약품, 의료 설비, 5G 통신, 산업인터넷의 발전을 촉진
2020년 2월 23일	코로나19 방역과 경제사회발전공작부서회의(新冠肺炎疫情防空和经济社会发展工作部署会议)	• 중앙 예산을 이용해 투자하고 특수채 자금과 금융 지원을 통해 투자 구조를 개선해 AI, 무인 배송, 인터넷 쇼핑, 의료 보건 등 신형 산업 발전을 촉진
2020년 3월 4일	중앙정치국상무위원회의(中央政治局常务委员会议)	• 공공 위생 서비스, 응급 물자 투자를 확대하고 5G 통신 설비와 IDC 등 신형 기초 시설 산업의 발전을 촉진

방향으로 제시한 바 있다. 2020년 초에 베이징, 광둥, 후난, 충칭 등의 지역에서는 신형 인프라 투자 정책의 세부 방안을 포함한 정부공작보고를 작성했다. 향후 중국 경제의 회복 시기와 반등 수준은 '7대 산업 중심의 신형 인프라 투자 정책'의 집행 시기와 규모에 달려 있는 것이다.

시진핑 지도부는 코로나19로 인한 경기 후퇴를 극복하기 위해 7대 산업 중심의 신형 인프라 투자 정책의 조기 집행을 통해 기업의 투자와 이익을 증대하고, 나아가 인민의 가처분소득을 향상시켜 내수 소비를 활성화하는 케인스주의에 입각한 경기 회복 정책을 강력하게 집행할 것으로 본다. 신형 인프라 투자 정책의 핵심 산업인 5G, 고속철과 경전철, 신에너지 및 전기차, 빅데이터, AI, IoT 등 7대 업종이 모두 4차 산업혁명의 총아로 꼽히는 분야이다. 14.5규획의 핵심 정책이라는 점에서 보면, 시진핑 지도부는 '신시대 중국 특색의 사회주의 국가 건설'이라는 전략 목표를 달성하기 위해 14.5규획의 주요 경제 정책 및 산업 정책인 신형 인프라 투자 정책에 거시 역량을 집중할 것으로 예측된다.

포스트 코로나 시대의 중국 거시정책 전망: 신형 인프라 투자와 일대일로

최근 우리 언론에서 보도하고 있는 대대적인 소비 부양책(보복적 소비)과 관련해 아직까지 중국 중앙정부에서 구체적인 정책 방향을 제시하지 않고 있다. 이유는 ⑴ 중국이 코로나19를 완전히 통제하고 있지 못하기 때문에 그 시기를 미루고 있거나 ⑵ 중국의 정책 당국에서 현재의 코로나19를 2009년 '금융위기'가 아니라 2003년 '사스 위기' 관점에서 정책 대안을 수립하고 있다는 데 기인한다.

중국 중앙정부에서 최근까지 구체적인 소비 부양책을 언급하지 않는 이유는 무엇인가. 중국 공산당 지도부가 '2008년 금융위기'의 경우 공급 측면의 경제 문제가 아닌 금융 경색에 따른 내수 위축이 주요 원인이었던 것으로 인식하는 반면, 코로나19는 '2003년 사스'처럼 전염병에 의한 수요와 공급이 모두 급감하면서 경제가 악화되고 있는 것으로 판단해 정책 대안을 마련하고 있기 때문이다. 물론 2008년 금융위기 당시 집행했던 소비 부양책의 효과가 크지 않았던 점도 이번에 소비쿠폰 발행 등 대대적인 현금 살포 정책을 통한 내수 소비 확대를 지양하는 한 원인이기도 하다.

최근까지 중국 정부의 정책 동향을 보면, 바로 이러한 관점에서 공급 측면의 개혁을 견지하면서도 스타트업과 중소기업 및 혁신 산업에 대한 맞춤형 재정 지출 및 금융 지원을 확대하고 있다. 구체적으로는 14.5규획에서 향후 5년간의 핵심 정책으로 제시한 신형 인프라 투자 정책의 조기 집행과 공급 측면의 개혁을 통해 기업과 가계의 투자 능력 및 가처분소득을 증대해 인민의 소비 능력을 제고하고자 한다.

따라서 신형 인프라 투자 정책은 단기적이고 일시적인 내수 부양 정책이라기보다 중국 지도부의 '신시대 중국 특색의 사회주의 국가'를 건설하기 위한 전략 방향으로서 중국의 경제와 사회 구조에 대해 전반적인 업그레이드를 실현하고 이를 통해 '중국 특색의 사회주의 시장 경제'에 내재하는 근본적인 문제를 해결하고자 하는 중장기적이고 전략적인 정책 조치로 봐야 할 것이다.

그럼에도 불구하고 소비 부양을 위한 몇몇 간접적인 정책 조치(주로 조세 감면)도 시행하고 있다. 자동차 등 내구성 소비재에 대한 소비세 인하나 일부 생필품 관련 부가가치세 세율 인하 또는 과세점 인하 및 수출 재화에 대한 환급율 조정이 대표적인 정책 사례다. 이 밖에도 장쑤성과 저장성 등 일부 지방정부에서는 소비쿠폰 발행 등 소비 진작을 위한 현금 지급 정책을 시행하고 있다. 하지만 동부 연안 지역의 일부 부유한 지역의 지방정부 차원에서의 부분적인 정책 조치일 뿐 과거 금융위기처럼 중앙정부 차원에서의 소비쿠폰 발행 등 전국적이고 직접적인 소비 촉진 정책은 지양하고 있다.

한편 '신형 인프라 투자' 정책 관련 지방정부의 예산인 34조 위안은 주로 지방채를 발행해 조달할 계획인 것으로 알려져 있다. 중앙정부 또한 2020년 1조 2,900억 위안 규모의 특수채를 발행하기로 결정하는 등 향후 중국은 신형 인프라 투자 정책의 추진을 위해 국채와 지방채의 발행 규모를 지속적으로 확대할 것으로 전망한다. 코로나19에 따른 경기 침체를 극복하는 과정에서 과거와 달리 금융보다 재정의 역할이 더욱 증대될 것으로 판단된다.

이 같은 중국 각급 정부의 국채·지방채 발행과 관련해 일부 글로벌 투자기관에서는 중국의 국가 채무 비율(약 155%)이 상대적으로 높을 뿐 아니라 GDP 대비 기업과 가계 및 정부의 부채의 총 부채비율(매크로 레버리지)이 260%를 초과했다는 점을 지적한다. 경기 침체 과정에서의 국채와 지방채 발행 증가 및 그에 따른 중국의 총 부채 증가로 인해 향후 중국의 경기가 더욱 악화될 수 있다고 경고하기도 한다. 그러나 2019년 말 중국의 국가 부채비율과 지방정부 부채비율이 각각 38.9%, 82.9%라는 점을 고려하면 중국 정부에서 추가로 지방채와 국채를 발행하더라도 감내할 수 있는 재정 여력은 갖추고 있는 것이다.

한편 코로나19 이후에는 중국 정부에서 과거처럼 일대일로 정책을 공격적으로 펼치기는 어려울 것이다. 이는 현재 코로나19로 인해 중국의 국내 경제 상황이 낙관적이지 못할 뿐 아니라 미·중 무역전쟁이 장기간 지속되면서 경제 성장률이 하락하고 펀더멘털이 약화되는 등 많은 문제점이 누적되고 있기 때문이다. 중국 시진핑 지도부의 입장에서 보면 당분간은 국내의 경제 회복에 집중해야 할 시기이지 공격적으로 일대일로라는 글로벌 정책을 추진하기에는 무리가 따를 것이다. 코로나19의 글로벌 확산으로 인해 중국의 대외 수출과 외국인 투자 및 내수 소비가 급격히 위축하고 있는 상황도 간과할 수 없다. 만일 중국판 마셜플랜이라 불리는 일대일로 정책을 더욱 확대해 집행하는 경우 시진핑 지도부는 '집토끼와 산토끼를 모두 놓치는 결과'를 초래할 수도 있다.

이 밖에도 중국 내에서의 아프리카인에 대한 차별 대우와 러시아 등 인접 국가와의 국경 봉쇄 등 일련의 조치, 즉 코로나19 창궐 국가에 대한 인적 교류와 물적 교류의 단절로 인한 외교 마찰 등을 고려하면 일대일로를 지원하기 위해 설립한 AIIB의 자금을 공여받은 국가들과의 관계가 '악화 일로'에 빠질 가능성이 증대되고 있다. 2018년 겨울 미국이 설립한 국제개발투자은행IDFC의 경우 미국의 아시아 회귀 전략의 핵심 거점인 동남아 지역과 인도 등 중국의 주요 경제권을 주요 투자 대상으로 명시하고 있다. 향후 중국 정부는 IDFC 등장으로 인해 일대일로 전략을 추진하는 과정에서 '우발 비용'이 증가할 가능성까지 대두되고 있다.

중국은 코로나19로 인한 내수와 투자 및 수출의 급격한 위축에 따른 경기 하강과 지속적인 미·중 무역전쟁에 기인한 경제의 펀더멘털 약화 등 대내 경제 상황 및 미국의 아시아 회귀 전략과 이를 추동하기 위해 설립한 IDFC의 AIIB에 대한 견제 등 대외 경제 상황의 변화로 인해 당분간은 일대일로를 적극적이고 구체적으로 추진하기에는 무리가 있다.

코로나19가 전 세계로 전파된 이후 유러존에서는 'Anti-China Capital' 분위기가 고조되고 있다. 미국과 일본은 중국에서부터 리쇼어링_{Reshoring}하는 자국 기업에 조세 우대와 보조금을 지급하기로 결정하는 등 세계 각국에서 'Anti-China Capital' 분위기가 확산되고 있다. 따라서 중국 정부 입장에서는 이러한 상황에 대한 구체적인 대응 전략을 시급히 수립해야 한다는 점 또한 향후 중국 정부에서 일대일로 정책을 적극적으로 추진하기 어렵게 만드는 중요한 원인이다.

코로나19가 조기에 완전히 종식된다는 전제하에 시진핑 주석의 방한 가능성은 매우 높은 것으로 생각한다. 한반도의 정치적·경제적인 전략 이익을 포기하기 어렵기 때문이다.

정치적으로 한반도는 (1) '일대일로 전략'과 '아시아 회귀 전략'의 충돌에 따른 중국의 미·중 관계에서 전략적 이익이 중요하며 (2) '북미 관계'와 '한·일 관계'에 대한 조정자로서의 전략적 이익도 포기하기 어려울 뿐 아니라 (3) '남북 관계'와 '한·중 관계'에서의 레버리지 역할에 따른 한반도에서의 전략적 이익을 수호해야 동북아 역내에서 미국의 영향력을 견제하면서 미·중 관계의 주도권을 장악할 수 있기 때문이다.

경제적으로 (1) '일대일로' 등 글로벌 경제 전략 추진 시 코로나19에서 국격이 현저히 제고된 '대한민국'을 우군으로 확보할 수 있을 뿐 아니라 (2) 한·중 양국 경제 관계 및 산업 관계에서의 '밸류체인'을 공고화해 안정적인 경제 성장을 담보할 필요가 있으며 (3) '남북 관계'의 회복에 따른 한반도와 동북아 지역에서 새로운 경제적 기회를 창출하고 '일대일로' 정책의 완성을 위한 안전판을 마련할 수 있기 때문이다.

이처럼 중국 입장에서 대한민국은 정치적으로나 경제적으로 전략적으로 중요한 협력 대상자로 볼 수 있다. 이러한 관점에서 코로나19 종식 이후 시진핑 주석과 지도부의 방한은 한·중 양국의 정치적·경제적 동반자로서의 우호를 강화하고 글로벌 정치 경제 관계(동북아 지역)에서 중국의 정치적·경제적 위상을 제고할 수 있는 중요한 계기가 될 것이다. 중국 국내에서도 코로나19의 진행 과정에서 실추된 공산당과 시진핑 지도부의 절대 권력을 유지하고 강화하는 데 크게 기여할 수 있는 전략적 선택일 것이다.

따라서 우리나라는 시진핑과 공산당 지도부의 국내외 정치·경제적 상황을 지렛대로 활용해 정치적·경제적 이익을 극대화할 수 있는 방안을 마련해야 한다. 시진핑의 경우 국제적으로는 미·중 무역전쟁에서의 전략적 실패와 세계 각국으로 코로나19가 전파되는 등의 문제로 인해 G2로서의 위상이 추락했다. 중국 국내에서는 장기간의 미·중 무역전쟁과 코로나19에서 파생된 경제 침체로 인해 개혁개방 이후 가장 낮은 성장률을 기록할 것으로 전망되는 등 정치적·경제적으로 매우 곤란한 상황이다.

현재 우리나라는 코로나19를 기회로 삼아 중국 공산당과 시진핑 지도부의 상황을 담대하게 활용해야 한다. 대한민국이 국제 정치 관계와 동북아·권역 및 남북 관계에서의 정치적·경제적 이익을 극대화할 수 있는 대중 전략 및 글로벌 전략을 필수적으로 수립해야 할 시기다.

참고자료
유호림, 신한금융그룹 CEO특강 〈중국의 중장기 국가발전전략회고 및 향후 전망〉, 2019.

7장

4차 산업,
코로나19 경험 담아 새로운 혁명

조창완 | 고려대학교에서 국문학을 전공하고 〈미디어오늘〉에서 기자로 활동하다. 1999년에 중국으로 건너간 후 중국을 중심 소재로 활동해온 중국 전문가다. 2008년에 귀국한 후 한신대학교 외래교수. 새만금개발청 중국담당, 〈차이나리뷰〉 편집장, 보성그룹 투자유치 담당 상무 등으로 일했다. 현재는 춘천시 시민소통담당관으로 활동하며, 중국자본시장연구회 사업담당 부회장, 문화산업상생포럼 수석부의장을 맡고 있다. 저서로는 《신중년이 온다》《노마드 라이프》《달콤한 중국》《죽기 전에 꼭 가봐야 할 중국여행지 50》 등 15권이 있다.

```
A F T E R
C * R O N A
```

2020년 봄은 아주 특별한 시간으로 기억될 것 같다. 고3이 된 아이는 5월 중순까지 학교에 가지 못했다. 대신 5월 중순까지 온라인 교육이 시작됐다. 아침에 일어나 시스템에서 등교 설정을 하고, 평일은 7시간 동안 인터넷을 통해 교육방송 수업을 들어야 했다.

그런데 수없이 끊기고, 이 경우 다시 로그인하는 등 적지 않은 문제를 안고 있었다. 원격 수업에 참여하는 인원은 약 398만 명, 최대 동시 접속자는 68만 명이다.

IT 강국을 자처하는 한국은 이런 고민을 하면서 중국을 볼 필요가 있다. 2019년 11월 11일 중국의 블랙프라이데이인 쐉스이雙+一, 즉 '광군제'는 1시간 만에 총 거래액 1,000억 위안(약 16조 6,260억 원)을 돌파했다. 하루 동안 총 판매액은 2,684억 위안(44조 6,242억 원)이었다. 동시 접속자 숫자는 3,000만 명이 넘기도 했다. 이들은 생방송 시청과 더불

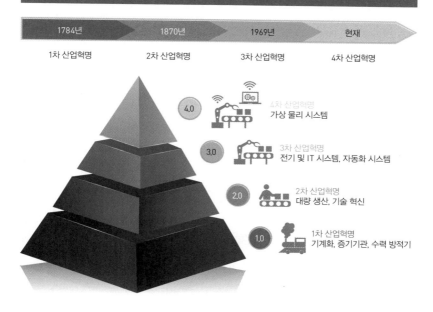

어 금융 결제 등을 동시에 진행했지만 트래픽이 거의 나지 않았다.

이런 사례만 봐도 알리바바가 구축한 네트워크망이 얼마나 강한지 알수 있다. 포스트 코로나는 한국 교육계에서 급증한 온라인 교육의 사례처럼 네트워크나 이러닝 등 신기술의 적용이 얼마나 빨리 올 수 있는가도 보여준 사례였다.

이 분야에서 가장 빠른 준비를 해온 국가는 어디일까. 보급률과 기술수준이 어떤 나라일까. 과거 한국은 인터넷망에 관해서는 가장 선진국임을 자랑했다. 하지만 그 흐름이 서서히 뒤바뀌고 있다. 가장 큰 배경은 이런 기술 등을 포괄하는 4차 산업혁명에서 중국의 약진이 눈부시기때문이다.

'4차 산업혁명'은 2016년 6월 스위스에서 열린 다보스포럼Davos Forum에서 의장이었던 클라우스 슈밥Klaus Schwab이 처음으로 사용하면서 이슈화됐다. 비슷한 단어들은 수차례 오갔지만 슈밥의 말이 이 분야에 가장 앞선 것은 국내에도 출간된 《클라우스 슈밥의 제4차 산업혁명》이라는 책이 나오면서다. 이 책에서 그는 AI, IoT, 로봇 기술, 드론, 자율주행차, VR, 블록체인, 스마트시티, 3D 프린팅 등을 지적해 '4차 산업혁명이'라고 특정했기 때문이다.

앞서 말한 다양한 신기술이 4차 산업혁명의 씨줄이라면, 날줄은 초연결, 초지능, 초네트워크다. 초연결은 IoT, 빅데이터 등으로 70억 명 지구인이 1조 개 이상의 사물과 연결되는 것이다. 다양한 센서를 통해 사물은 물론이고 모든 정보를 한곳에서 분석할 수 있다.

초지능은 AI 등을 통해 인간 이상의 지능을 구현하는 것이다. 딥러닝Deep learning: 인공 기계 학습 기법을 통해 연구된 다양한 AI는 장기, 바둑, 퀴즈 등에서 인간을 뛰어넘은 지 오래다. 물론 이런 AI는 감정이나 창의력에 문제를 지닐 수 있지만 훨씬 강한 지능을 가지고 있다는 것은 증명됐다.

초네트워크는 모든 것이 완벽한 거미줄처럼 연결됐다는 것이다. 가장 대표적인 것이 중국이 구축한 톈왕 시스템이다. 말 그대로 '하늘의 그물로 인간을 보겠다'는 계획이다. 작게는 도시의 치안을 관리하기 위해 지도, 영상, 송수신, 콘트롤, 디스플레이 등을 일원화한다. 물론 이 안에는 교통, 치안, 집회, 호텔, 학교, 의료 등이 총망라돼 있다.

포스트 코로나 시대, 미·중 무역전쟁 핵심은 4차 산업혁명

미·중 무역전쟁의 근본적 뿌리가 미·중 간에 기술전쟁이라는 것을 모르는 이는 많지 않다. 2015년 5월 8일 중국 국무원이 제조업 활성화를 목표로 발표한 산업 고도화 전략인 '중국제조2025'를 발표했다. 2025년까지 첨단 의료기기, 바이오 의약 기술, 원료 물질, 로봇, 통신 장비, 첨단 화학 제품, 항공 우주, 해양 엔지니어링, 전기차, 반도체 등 10개 하이테크 제조업 분야에서 대표 기업을 육성하는 것이 목표였다.

세계의 공장이 된 중국이 고도 산업까지 세계를 장악하겠다는 내용을 발표하자 미국은 화들짝 놀랐다. 이 기술에는 그때는 잘 규정되지 않았지만 4차 산업혁명 기술들이 대부분 들어 있었다. 도널드 트럼프는 2018년 3월부터 중국 제품에 고율 관세를 부과하는 방식으로 전쟁을 시작했다. 이 전쟁은 첨단기술을 둘러싼 두 나라의 힘겨루기다.

2019년 12월 블룸버그 통신은 미·중 갈등을 기술 냉전Tech cold war이라고 평가하며, 무역전쟁이 단순한 관세전쟁이 아니라 IT, AI 등 첨단기술 분야에서 우위를 가져가려는 다툼이라고 보도했다. 코로나19로 잠시 휴전 상황이지만 양국이 첨단기술 분야에서 경쟁하면서 무역 갈등보다 더 심각한 패권 전쟁이 발생할 수 있다.

하나의 바이러스가 배회하면 세계가 위협받을 수 있다는 것을 증명한 코로나 바이러스 팬데믹은 이 기술전쟁의 근원을 바꿀 수 있는 만만치 않은 파생력을 갖고 있다. 즉 기존에 기술전쟁이나 무역전쟁의 모습을 넘어 이데올로기 대결로 갈 수 있는 가능성을 보여줄 수 있기 때문이다.

중국의 대표적인 전략가인 헨리 키신저Henry A. Kissinger는 〈월스트리트

저널〉 2020년 4월 3일 자에 "코로나바이러스 팬더믹은 세계 질서를 바꾸어놓을 것이다The Coronavirus Pandemic Will Forever Alter the World Order"라는 글을 기고했다. 키신저는 유대인 출신이지만 미·중 수교를 이끈 '핑퐁 외교' 등 합리적 정치가를 넘어 사상가이기도 하다. 그가 이 글에서 가장 방점을 둔 것은 "장벽이 있는 도시를 부활시키는 시대착오적인 현상"을 막고, "세계의 민주주의 국가들의 계몽주의적 가치를 옹호하고 유지"할 것을 말한 부분이다. 미국이 추구해온 개방과 자유주의의 가치가 이번 사건을 계기로 붕괴될 수 있다는 불안감을 갖고 있다는 것이다.

하지만 이번 사건이 개인들의 이동 등 정보를 통제하는 부분을 강화시키는 것은 확실한 대세가 될 것 같다는 것이다. 이를 위해서는 세계 시민은 스스로 '자유로부터 도피'를 필연적으로 요구하는 상황이 올 수도 있다. 향후 이런 방향을 주도할 국가로 중국이 가장 확실하다. 중국은 톈왕이라는 국가 관리 시스템이 설치돼 있고, 개인의 데이터를 쓸 수 있는 여지도 자유민주주의 국가들에 비해 훨씬 넓기 때문이다.

이 상황에서 대두되는 4차 산업혁명 관련 기술은 각종 개인 정보의 수집, 분석, 통제에 관한 것들이 많다는 점에서 더 촉각을 세울 수밖에 없다. 그런 점에서 가장 주목할 만한 4차 산업혁명의 요소는 우선 5G로 상징되는 통신 분야다.

중국은 화웨이라는 절대적 기업이 있다. 그래서 미국은 미·중 무역전쟁의 선제 폭격 장소로 화웨이를 골랐다. 실제로 이 폭격은 여전히 지속되고 있다. 하지만 중국은 마치 땅굴을 파고 자신의 네트워크를 확보하던 북베트남 전사처럼 세계 시장에서 덤빌 테면 덤벼보라는 자신감으로 이 분야를 선도하고 있다. 그래서 5G로 상징되는 관련 흐름을 맨 먼저 살펴본다. 다음으로는 AI다. 아무리 많은 빅데이터가 있어도 효과적으로 처리할 수 있는 AI가 발달하지 못하면 무용지물에 가깝다. 3번째는 퀀텀 컴퓨팅이다. 처리 속도에서 한 단계 업그레이드한 상황인데, 기존에 슈퍼컴퓨터 대결이 이 방향으로 올라가고 있다. 이 흐름을 살펴본다. 4번째는 자율주행차다. 자율주행차는 4차 산업혁명이 현실에서 구현되는 상황을 가장 잘 살필 수 있는 실질적 분야다. 이 분야에서도 미국과 중국은 만만치 않은 대결을 하고 있다. 그 밖에 의료 관련 기술이 있다. 코로나19는 의료 관련 기술의 획기적인 진보를 요구하고 있다. 원격 의료나 진단 관련 AI 등으로 이야기되는 이 분야는 가장 핫이슈가 되기 때문이다.

5G 등 통신 전쟁의 미래

우주인이 지구를 공격할 때, 지구를 먹통으로 만들기 위해 가장 먼저 해야 할 일은 무엇일까를 묻는다면 어떻게 대답할 것인가. 그 질문을 나에게 한다면 이렇게 대답할 것이다.

"사람들이 통신할 수 있는 근본 수단을 파괴해야겠지요. 미국이 운영하는 GPS와 중국이 운영하는 베이또우北斗 위성을 파괴하면 되지 않을까요. 물론 소련이나 EU 것까지요. 이걸 파괴하면 사람들은 자신의 위치를 파악하지 못해 아무것도 하지 못할 겁니다."

물론 외계인더러 들으라는 소리는 아니다. 상식이어서 새로울 것도 없다. 지금 전투기 등이 자신의 위치 정보를 알 수 없다면 할 수 있는 것이 무엇일까.

그런데 이것이 지상으로 내려오면 다시 비슷해진다. 바로 통신망을 누가 장악할 수 있는가에 따라 힘이 결정될 수 있다는 것이다. 원래 미국을 비롯한 서방 자유주의 국가는 혹시 한쪽 라인이 끊어져도 통신할 수 있도록 인터넷이라는 세계적인 네트워크를 만들어 공용하고 있다. 만약 인터넷이 없었다면 세계는 이렇게 빠른 속도로 소통할 수 없었을 것이다. 그런데 이 백본Backbone 중에 하나는 통신이고, 지금 가장 중요하게 이야기되는 것이 5G다.

5G는 4세대 이동통신인 LTE에 비해 속도가 20배가량 빠르고, 최대 속도가 20Gbps에 달하는 이동통신 기술이다. 버퍼링이 없는 초저지연성과 초연결성이 특징이다. 버퍼링이 있는 기존 기술은 자율주행 등에서 다양한 문제가 발생하지만 5G는 그렇지 않고도 VR, 자율주행, IoT에 적용할 수 있다.

그런데 어느 순간 중국 기업 화웨이가 이 분야에서 초강자가 돼 나타났다. 화웨이는 1987년 군인 출신인 런정페이가 창업했다. 충칭건축공정학원(현재는 충칭대학과 합병) 출신인 그는 졸업 후 군대에 들어가 엔지니어로 일하다가, 내부적인 혼란을 겪은 후 군에서 나와 화웨이를 만들었다. 화웨이는 통신 시스템에 치중했고, 2013년에는 당시 세계 1위 기업이던 에릭슨을 누르고 1등이 됐다. 2018년 영업 수익은 7,212억 위안(약 124조 원), 순이익은 593억 위안(약 10조 원)이었다.

화웨이는 이동전화 시장에서도 족적이 있지만 5G 장비 시장에서는 세계를 압도했다. 2019년 6월 6일까지 세계 30개국에서 46개사와 5G 협력을 이끌어냈고, 5G 기지국도 10만 개를 넘어서 타의 추종을 불허한다.

미국이 화웨이를 막기 위해 런정페이 회장의 둘째 딸 멍완저우 부회장을 체포(2018년 12월)한 상태에서도 화웨이의 질주는 멈추지 않았다.

미국은 화웨이의 발전이 세계 정보 시장에서 자신들에게 사면초가를 부를 수 있음을 느끼기 시작했다. 멍완저우 부회장의 체포도 이런 저지책의 하나였다. 그뿐 아니었다. 화웨이의 5G 독주를 막기 위해 핀란드의 노키아와 스웨덴의 에릭슨을 연합시키는 등 우방군을 모았다. 두 회사는 유럽에 기반을 두고 있지만 각각 미국 기업 루센트테크놀로지와 모토로라를 인수한 상황이어서 우방으로 선택했다. 두 회사도 이동전화 시장에서는 삼성이나 중국 기업에게 밀리는 상황이기 때문에 미국의 동맹에 기댈 수 있었다.

화웨이는 상대적으로 기술력이나 가격 경쟁력에서 치고 가는 속도가 삼성을 비롯한 다른 기업보다 월등하게 빠르다. 2020년 4월 16일 금융 분석 사이트 핀볼드Finbold 조사에 따르면, 전 세계에서 출원한 5G 관련 특허 건수에서 화웨이는 3,147건으로 1위, 삼성전자는 2,795건을 출원해 2위를 차지했다.

2020년 4월 브랜드 컨설팅기업 브랜드파이낸스Brand Finance가 내놓은 글로벌 통신장비 분야에서 화웨이는 '가장 가치 있는 브랜드 톱 10' '가장 강력한 브랜드 톱 10'에서 1위로 선정됐다. 5년째 1위를 지속하고 있다. 시스코나 노키아, 퀄컴, ZTE 등이 뒤를 이었다.

2019년부터 우리 시장에서도 벌어진 5G 장비 미·중 전쟁은 앞으로 향방을 가늠하기 쉽지 않다. 다만 세계 시장에서 중국의 기술적 우위나 가격 경쟁력을 가질 만한 기업이 나타나기 쉽지 않다. 일단 화웨이가 R&D에 엄청난 공력을 투자해 특허를 배경으로 이 분야를 선도하고 있기 때문이다.

미국은 국제 정보전에서 네트워크를 피싱당할 수 있다는 전제를 바탕으로 각국이 화웨이가 아닌 미국 주도의 동맹에 들어올 것을 권고하고 있다. 하지만 2020년 1월 28일 영국 정부가 5G 이동통신망 구축 사업에 화웨이의 장비를 일부 채택하기로 했다. 민감한 네트워크 핵심 부문에서는 화웨이의 장비를 배제하고 점유율도 35%를 넘지 않도록 한다는 단서를 달았지만, 미국의 가장 우방 국가가 화웨이를 채택했다는 충격은 꽤나 컸다.

향후 미·중 간 5G 등 통신망 구축 사업은 가장 뜨거운 이슈가 될 수 있다. 미국으로서는 자국의 정보 보안을 유지하기 위해 가장 경계해야 할 대상으로 중국을 둘 수밖에 없다. 결과적으로 이런 두 나라의 대결로 인해 4차 산업혁명의 가장 기본적인 인프라인 통신망 구축은 적지 않은 곤경에 처해 있다. 한국도 5G를 도입한 지 1년이 넘었지만, 고객 불만은 쌓여가고 있기 때문이다.

AI, 4차 산업혁명의 핵심 기술

크게 주목받지는 못했지만 2017년 9월 바이두의 대표 리옌훙李彦宏의 책 《지능혁명》이 번역 출간됐다. '인공지능 시대의 생존 전략'이라는 부제가 있는 이 책은 중국의 AI 산업에 대한 현재와 미래를 한눈에 살펴볼 수 있다. 바이두는 '중국의 네이버'로 불리는 검색 엔진에 있어서 중국 최대의 기업이다. 하지만 더 큰 관심을 갖고 있는 분야는 AI다. 중국

AI의 역사가 바이두의 역사라고 할 수 있을 만큼 리옌홍의 꿈은 AI에 있었다. 2012년 AI 분야에 처음 뛰어든 바이두는 2015년 3월 CPPCC에서 국가 차원의 AI 개발 프로젝트인 '중국대뇌中國大腦' 계획을 제안하고 중국 정부와 함께 AI 산업에 박차를 가하기 시작했다.

리 회장은 검색엔진을 보면서 AI의 역할에 대해 점점 더 많이 인식하게 되었다. 말초신경처럼 인류 생활 곳곳에 침투된 인터넷을 통해 과학자들이 꿈에도 바라던 대량 데이터 생성이 현실로 가능해졌을 뿐 아니라 클라우드 컴퓨팅이 생기면서 1,000만 대 서버의 전산 능력을 통합해 전산 능력이 도약적으로 발전했다는 것이다.

그는 약한 AI, 강한 AI, 슈퍼 AI로 나눌 수 있다고 한다면, 현재의 모든 AI 기술은 약한 AI 단계에 머물러 있으며 일부 분야에서만 사람과 거의 비슷한 일을 할 뿐 인류를 초월할 수 없다고 말한다. 그러나 AI 혁명 시대에는 딥러닝을 바탕으로 인류와 기계가 공동으로 새로운 기술을 습득하고 세계를 혁신하게 될 것으로 봤다.

바이두는 2016년 4월부터 AI 연구를 위한 '베른 프로젝트'를 시작했다. 근대 SF 소설의 선구자인 쥘 베른의 이름을 딴 것으로, 어린아이의 지능을 갖춘 '바이두 대뇌' 개발을 1차 과제로 삼고 있다.

중국 정부 역시 코로나19를 계기로 AI의 또 다른 활용을 고민할 수밖에 없다. 만약 AI가 바이러스 초기 폭발 지점인 우한에서 사람들이 병원에 가고, 사망하는 패턴을 질병에 두고 봤다면 사망한 의사 리원량의 주장을 훨씬 빨리 파악할 수 있었을 것이다. 또 질병 발견 이후에도 개인들의 빅데이터를 바탕으로 감염 경로나 전파 등을 파악했다면 훨씬 더 빨리, 정확하게 사태를 수습하는 방안을 찾았을 수 있었다. 하지만 중국 정부의 톈왕 프로젝트가 가진 AI의 업무 범위는 치안이나 도시 인프라 제어 등에 치중하는 바람에 의료 부분에서는 제대로 기능을 하지 못했다.

그런데 코로나19 종식을 선언한 이후에는 이번 사건을 타산지석 삼아서 AI를 보건이나 위생 분야에 활용할 계획을 세우고 있다. 중국 정부는 2018년에 2030년까지 AI 시장을 1,500억 달러 규모까지 키우겠다고 공언했다. 알리바바와 바이두 등에 수십억 달러씩 투자해 기술을 개발하고 있다.

실제로 중국은 전자상거래 알고리즘과 안면 인식 기술에서 세계 최고의 기술을 보유하고 있다. 바이두 AI 사람 찾기 프로그램百度AI尋人으로 3년 만에 헤어진 가족을 찾아준 사례가 1만 건에 달했다. 2019년에는 4살 때 헤어진 아이의 사진을 바탕으로 24살로 장성한 아이를 찾아내 상봉하는 등 안면 인식 기술은 상상을 초월하고 있다.

중국이 이런 분야에서 다른 나라의 기술을 압도할 수 있는 것은 풍부한 빅데이터와 그것을 필요로 하는 정부가 있기 때문이다. 중국은 14억명의 풍부한 원데이터, 철저한 감시 통제 체제, 개인 정보 활용에 대한 관대함이 양질의 빅데이터를 얻어 더 똑똑한 AI를 만들 수 있다.

중국의 AI에 대한 열정은 2017년 7월 30일부터 후난위성에서 12회 방송된 〈나는 미래다我是未来〉라는 과학기술 방송 프로그램에서 찾아볼 수 있다. 전국 인터넷 시청률과 위성 방송 시청률 1위를 기록한 이 방송은 특이하게도 과학 다큐였고, 메인 테마가 AI였다. 이 방송에는 40여명의 과학자들이 출연했는데, 그중 AI 전문가 21명의 기록을 묶어 책으로도 발간했다. 국내에도 《인공지능의 현재와 미래》라는 제목으로 출간

됐다.

알리바바 왕젠王堅 기술위원회 의장을 비롯해 왕용동 MS 글로벌 수석 부총재, 쑹지창宋继强 인텔 중국연구원 원장, 선사오웨이沈紹偉 IBM글로벌 부총재 등 중국을 대표하는 AI 전문가들이 강연을 하고, 시청자와 소통하는 프로그램이었다. 중국 젊은이들이 이 방송을 통해 AI에 대한 비전을 만들었다는 평가를 받았다.

이 방송에서 왕젠은 알리바바가 항저우에서 진행하는 시티 브레인City Brain 프로젝트를 소개했다. 시티 브레인은 데이터를 기반으로 미래 도시의 핵심 인프라를 구축하는 것이다. 알리바바는 광군제처럼 엄청난 트래픽이 몰리는 상황을 '오픈 소스 기술을 활용하지 않고, 처음부터 대규모 분산식 컴퓨팅 시스템을 자체 개발하면서 해결'했다. 이 기법은 2013년 압사라 운영 체제Apsara Operating system를 시작으로 클라우드阿里雲를 거치면서 항저우 윈시마을雲栖小鎮의 시티 브레인까지 변모한 것이다. 이 시티 브레인은 대도시뿐 아니라 중국 내륙의 오지 마을까지 보급돼 크고 작은 시스템을 구축하는 데 역할을 하고 있다.

〈나는 미래다〉에서 주목할 인물은 쉬카이 공안부 제3연구소 수석 전문가다. 그는 지문을 통해 중국 사회 안전망의 기반을 구축한 인물이다. 중국은 인구 10만 명당 경찰 수가 120명으로 245명인 미국, 246명인 러시아, 197명인 일본에 비해서 훨씬 적은 인원으로 치안을 운용한다. AI를 이용한 지문이나 얼굴 판독 등의 기술이 있어 가능한 일이다.

중국은 구 도시에서 스마트시티를 구현하는 항저우는 물론이고 새로 구축하는 슝안신구에서도 이 기술을 전적으로 응용하고 있다. 베이징의 대체 도시로 만들어지는 슝안신구는 모든 사회 시스템이 AI에 의해 주도되는 초대형 도시가 될 것이다.

반면 중국의 AI가 가진 한계도 있다. 현재 전 세계적으로 응용되는 딥러닝 기술은 미국 프로그램 기술진이 개발한 것이다. 현 상황에서 중국이 강한 부분은 특정 문제만 해결할 수 있는 좁은 인공지능ANI: Artificial Narrow Intelligence이다. 반면 미국은 주어진 모든 상황에서 생각과 학습을 하고 창작할 수 있는 능력을 가진 범용인공지능AGI: Artificial General Intelligence에서 강점을 보유하고 있다. 향후 인간과 유사한 사고를 하는 AI 분야를 발전시키려면 AGI의 능력을 키워야 한다. 실제로 MS와 구글(알파벳)이 이 분야를 선도한다.

하지만 코로나19를 겪으면서 AI의 중요성은 더 커졌다. 중국 정부도 현재 인력은 물론이고 MS나 구글 등에서 활동하는 화교 출신 전문가들을 영입하면서 이 분야를 보강할 가능성이 높다.

퀀텀 컴퓨팅, 슈퍼컴퓨터 경쟁의 연장

20년 전부터 세계는 슈퍼컴퓨터 전쟁을 해왔다. 현재 각 개인이 쓰고 있는 스마트폰의 연산 성능은 1980년대 가장 빠른 슈퍼컴퓨터보다 빠르니 언제 어떻게 바뀔지 모른다. 하지만 빅데이터의 용량이 상상을 초월하면서 데이터의 처리 속도는 미래 산업의 핵심 역할이 됐다. 이 분야의 가장 강력한 경쟁자들도 미국과 중국이다. 현재까지는 주로 처리 속도를 중심으로 슈퍼컴퓨터 경쟁을 해왔다. 이 추세는 국가 간 관련 연합체인 TOP500www.top500.org이 매년 6월과 11월 2차례 발표하는 순서를 보면 알 수 있다.

중국은 이 부분에 공을 들였다. 2019년 11월 발표된 순위에서 3위가 선웨이 타이후라이트Sunway TaihuLight, 4위가 텐허-2ATianhe-2A였다. 우시 국가컴퓨터센터에 있는 선웨이 타이후라이트는 93,014.6플롭스FLOPS: 1초에 수행할 수 있는 부동ÐÐ 소수점 연산의 횟수로 1위인 IBM의 서미트Summit(148,600.0플롭스), 2위인 IBM의 시에라Sierra(94,640.0플롭스)에 밀렸다. 하지만 코어 숫자는 10,649,600으로 서미트(2,414,592)나 시에라(1,572,480)를 압도했다.

최근에 슈퍼컴퓨터는 퀀텀 컴퓨팅, 즉 양자 컴퓨터 개발 등으로 변모하고 있다. 구글은 2019년 10월 블로그에 슈퍼컴퓨터로 1만 년 걸리는 연산을 단 200초 만에 해결할 수 있는 퀀텀 컴퓨터 기술을 개발하고 있다고 밝혔다. 양자 컴퓨터로 불리는 이 기술은 원자의 집합을 기억 소자로 간주해 원자의 양자 역학적 효과를 기반으로 방대한 용량과 초병렬 계산이 동시에 가능한 컴퓨터다. 초고속, 초소형, 초신뢰성을 얻고자하는 것으로 광통신 등의 기초 기술이 되고 있다.

중국은 통신 분야에서 이 기술이 상용화 단계로까지 가고 있다고 자신하고 있다. '양자의 아버지'로 불리는 판지안웨이潘建偉 중국과기대 교수가 주도해 개발한 세계 최초의 양자 통신위성 묵자호墨子號를 2016년 8월 16일에 성공적으로 발사했다. 지상 500㎞에서 90분마다 지구를 1바퀴 도는 이 위성은 2017년 6월 17일 티베트고원의 1,200㎞ 떨어진 2곳의 과학 기지에 얽힘 상태의 양자Quantum entanglement를 전송하는 데 성공했다고 발표하기도 했다. 전송 속도는 지상 광케이블보다 1조 배나 빨랐다. 국제 학술지 〈사이언스〉도 양자얽힘의 공간적 거리가 1,200㎞에 달할 수 있다는 사실을 전 세계에 처음 증명했다며 중국의 실험 성과를 확인해줬다.

양자 통신은 도·감청이 불가능하고 송신자와 수신자 외에는 해석이 불가능해 해킹에서 자유로운 꿈의 통신 기술로 불린다. 양자 통신에서는 광자 하나에 1비트$_{bit}$의 정보를 보내는데 이 신호는 딱 1번만 해석할 수 있다. 해커가 중간에서 1번 열어본 정보는 깨지므로 해킹 시도가 발각된다. 중국은 2030년까지 양자 통신위성 20대를 발사해 수천 킬로미터 이상 전송이 가능한 위성 통신망을 구축할 계획이다. 이 통신은 일반의 상용 목적보다 암호 정보를 주고받는 군사적 목적으로 주로 활용될 수 있기 때문에 미국에게도 발등의 불이 된 것이다.

자율주행차, 무인 시대의 황금 열쇠

내가 다니던 직장의 1년 전까지 키워드는 '스마트시티'였다. 전라남도 목포 인근에 있는 634만 평을 개발하면서 그 지역을 스마트시티로 초기부터 개발한다는 계획이었다. 첫 목표는 차 없는 도시였고, 이후 도시공학 전문가, 자율주행차 전문가들을 채용해 관련 연구를 진행했다. 거액을 들여서 전문 연구기관을 통한 용역도 진행했다. 관련 컨퍼런스나 컨벤션 행사를 참여하기도 했다. 하지만 이 계획은 2019년에 들어오면서 폐기됐다. 과연 도시가 형성되지 않은 곳에 큰 비용을 들여 이런 시험을 하는 것이 효율적인가.

부동산 시장의 수도권 집중화는 더욱 가속화하고, 그 플랜을 할 지역은 지방 소멸을 앞둔 지역인 만큼 기업으로서는 투자하는 데 불안감을

떨칠 수 없다. 국내 전문 연구기관이나 대기업들의 관련 기술에 대한 능력도 믿을 만한 수준은 아니었다.

하지만 이 부분에 대한 관심은 상당히 높다. 현대자동차가 미래 산업으로 잡고 있는 것도 자율주행차다. 현대차는 EV와 자율주행차 기술에 올인한다고 할 만큼 이 분야의 투자를 서두르고 있다. 현대차는 2019년 9월 아일랜드 더블린에 위치한 자율주행 솔루션업체 앱티브APTIV와 자율주행차 합작법인을 설립하는 계약을 미국 뉴욕에서 체결했다. 현대차그룹은 합작법인 설립을 위해 현금 16억 달러(약 1조 9,100억 원) 및 자동차 엔지니어링 서비스, R&D 역량, 지적재산권 공유 등 4억 달러(약 4,800억 원) 가치를 포함해 총 20억 달러(약 2조 3,900억 원) 규모를 출자한다고 밝혔다. 자동차와 무관했던 LG 역시 자동차의 전반적인 시스템을 만드는 부분에 투자하고 있다.

자율주행차에 대한 열망은 중국에서도 가속하고 있다. 코로나19 문제로 인해 무인차를 통한 인력 이동이나 물류가 절실해지는 상황에서 그 가치는 급상승하고 있다. 중국의 자율주행차 부분에 대한 욕망은 하루아침에 이뤄진 것은 아니다. 이 부분에 가장 강한 투자자는 AI의 강자 바이두다.

바이두의 자율주행차 시스템인 아폴로Apollo, 阿波龍는 2020년 초 베이징에서 승객을 태운 채 자율주행차를 운행할 수 있는 면허를 취득했다. 당장 시장에서 상용화는 미루지만, 유인 자율주행 테스트를 본격화할 수 있는 길을 열었다. 이 허가를 얻기 전 바이두의 자율주행 누적 주행 거리가 300만㎞를 돌파했다. 당시까지 한국에서 진행된 모든 자율주행차 누적 주행 거리 총합은 71만 6,000㎞ 정도였다.

바이두가 자율주행차 테스트를 하는 지역은 중국 내에서만 23개 도시에 이른다. 베이징도 허가를 내주기 직전 자율주행차 테스트 시행 세칙을 바꾸는 식으로 규제를 완화했다. 처음에는 내부 직원을 태우고 누계 기준으로 10만㎞를 테스트하고, 다음 단계에서는 일반인을 태우고 50만㎞까지 테스트할 수 있도록 했다. 바이두는 자율주행차 필수 장비인 라이다LIDAR를 개발하는 벨로다인 라이다에 투자했고, 2018년에는 진룽커처와 공동 개발한 아폴로를 양산하는 상황이었다.

바이두 외에도 한국의 카카오택시와 유사한 디디추싱滴滴出行이 자율주행차 시장에 뛰어들었다. 상하이교통대학이 2018년 5월부터 학교에서 자율주행차를 시범 운행하고 있다. 정류장에서 이동전화의 QR코드로 스캔하면 인지하고 정거하는 이 버스는 이 학교 양밍楊明 교수팀과 중국 무인차업체 칭페이즈닝青飛智能이 공동 개발한 것이다. 자율주행 시스템에는 공간 인식 센서가 탑재돼 위치를 스스로 인식하고 주행 경로를 안내한다. 현재는 시속 15㎞로 시작했지만, 문제를 파악해가고 있다.

물론 중국의 자율주행차는 세계에서 인정받지 못하고 있다. 글로벌 시장 조사 기관 내비건트 리서치Navigant Research가 2019년을 기준으로 '세계 주요 기업 자율주행 기술 순위'를 조사한 결과, 구글 웨이모가 1위, GM크루즈가 2위였다. 그 뒤로 포드, 인텔 모빌아이, 다임러-보쉬, 르노-닛산, 폭스바겐 등이 있었다. 중국 기업은 톱 10에 없었다. 이 분야의 선두주자인 구글 웨이모와 GM크루즈는 주행 거리나 운행 대수에서 바이두에 2배가량 앞선다. 하지만 중국의 강점은 빠른 제조업 능력과 광범위한 시장을 보유하고 있다는 사실이다.

중국은 초반기에 이 부분에서 밀릴지라도 최단 기간에 역전하려고 노력할 것이다. 또 5G나 중국식 GPS인 베이또우 등을 연계해 한 단계 도약할 수 있는 기반을 만들 수 있다. 이 경우 향후 자율주행차 시장은 또 다른 백가쟁명의 시대를 맞을 수 있다.

강화될 4차 산업혁명에 대한 미국의 경계

경제 성장과 에너지, 환경 분야를 맡고 있는 케이스 크라치 미국 국무부 차관은 2020년 4월 6일 허드슨연구소와의 대담에서 팬데믹 이후 경제 안보 전략에 대한 이야기를 나눴다. 그는 이 대담에서 10대 핵심 산업에 집중해야 한다고 강조했다. 그가 강조한 분야는 AI, 자율주행차, 6G 통신망, 양자 컴퓨팅, 바이오, 스마트시티 등이다.

그는 미국이 이 분야에서 신뢰할 수 있는 공급망뿐 아니라 산업 기반 R&D를 리빌딩해야 한다고 말했다. 지식재산권 등을 바탕으로 기술과 금융 시스템과 연구 능력을 결합하겠다는 포부도 밝혔다. 상대적으로 중국의 일대일로는 강하게 비판했다.

그가 이렇게 말하는 데는 포스트 코로나 시대에 대한 자신감이 녹아 있었다. 하지만 현실은 그렇게 녹록지 않다. 중국의 경우 통제 방식을 통해서지만 예정한 시간에 코로나19를 제어한 반면 미국은 최악의 상황을 겪고 있기 때문이다. 금융과 발전의 상징인 뉴욕이 초토화되면서 미국의 자존심은 상처를 입었다.

하지만 포스트 코로나 시대에 4차 산업혁명은 향후 미·중 관계는 물론이고 세계 산업 발전에서 큰 변화를 맞을 수밖에 없다. 각자도생을 할

IoT 기반 원격 헬스케어

- 모바일 기기에 의한 헬스 정보 수집
- 웨어러블 컴퓨터
- 원격 의료 시스템
- 예방 의료
- 내방 환자 수 감소
- 의료 예산 절감
- 의료비 절감

수도 있지만 협력을 통해서만 이 상황을 예방하고 극복할 수 있다.

코로나19는 4차 산업혁명 시대 의료 문제에 대한 아젠다도 만들어 냈다. IoT에 기반한 원격 의료는 향후 포스트 코로나의 가장 큰 화두가 될 전망이다. 칩을 통한 개인 정보가 없다 할지라도 개인의 체온, 혈압 정도 등만 지속적으로 관리한다면 코로나19 같은 집단 감염은 AI를 통해 감지할 수 있다. 병원 내방 정보, 진료 기록이 AI를 통해 감지된다면 이런 집단 감염은 사전에 알아낼 수 있을 뿐 아니라 통제도 가능하다. 코로나19에서 국가 간 협업을 하지 않으면 걷잡을 수 없이 더 큰 사태로 번질 수 있다는 것을 교훈을 얻었다. 실제로 국가 간 장벽을 걸어닫는 것이 주는 이점보다 개방을 통해서도 충분히 통제 가능한 사례를 한국이 보여줬다.

그런 점에서 포스트 코로나 시기에 4차 산업혁명의 미래는 전 세계의 모든 것이라 할 만큼 중요해졌다. 다만 이것을 한 국가가 자국의 이익을 위해 독점하겠다고 전쟁을 벌이는 형국이라면 세계는 새로운 모습의 전쟁을 맞을 수 있다는 공포를 갖게 한다. 반면 4차 산업혁명의 기술들이 고루 발전하고 세계 유지에 운용될 수 있다면 항구적인 안녕도 기대할 수 있는 계기가 될 것이다.

참고자료
나는 미래다 방송제작팀 지음, 권용중 옮김, 《인공지능의 현재와 미래》, 보아스, 2020.
다나카 미치아키 지음, 정승욱 옮김, 《미·중 플랫폼 전쟁 GAFA vs BATH》, 세종서적, 2019.

8장

수익형 부동산 투자의
황금기가 온다

조평규 | 서강대학교 경영학 박사를 수료했다. 전 중국부동산 개발기업 연달그룹 수석부회장, 단국대학교 석좌교수를 역임했다. 현재 동원개발 고문을 맡고 있다. 저서로 《중국은 우리의 내수시장이다》 등 5권을 냈다.

조아요 | 이화여자대학교 경영학 석사를 수료했으며, 미래에셋대우증권 IB 대리로 재직 중이다.

코로나19의 팬데믹이 선언되면서 세계 각국 산업이 큰 변화를 맞이할 것으로 예상한다. 중국의 부동산에 대한 정책적 변화와 시장 환경도 선명한 변화를 보일 것으로 전문가들은 내다보고 있다.

먼저 중국의 부동산 시장은 장기적인 침체기를 겪을 가능성이 높다. 중국 지도부까지 전면에 나서서 '코로나19 인민 전쟁'을 선포하고 방역에 매진함에 따라 대부분 지역의 토지 거래가 잠정 중단됐기 때문이다. 세계적으로 유행하고 있는 코로나19의 종식 시기를 예측하기 어려운 만큼 부동산 개발 기업은 자금 조달에 큰 타격을 입게 될 것으로 보인다. 최근 중국이 코로나19 종식 단계에 들어서고 있지만 국내외 투자 심리 위축이 불가피해 일부 주요 도시의 부동산 거래를 제외하면 거래 회복에 많은 시일이 걸릴 것으로 전망한다.

코로나19로 2020년 중국 전체 부동산 개발 투자 규모는 전년 대비

40%가량 줄어들 것으로 예상한다. 중앙정부가 큰 방향성을 갖고 지방정부 차원에서 규제 및 완화 정책을 시의적절하게 조절해야 시장 충격을 다소 완화시킬 것으로 보인다.

최근 중국 부동산 시장 환경, 도산 위기에 몰린 중국 '개발상'

코로나19가 세계 2위의 경제를 강타함에 따라 중국은 개혁개방 40년 이래 거시경제 정책 시행에 차질을 빚고 있다. 중국의 2020년 1~2월 부동산 신규 분양율은 전년 동기 대비 40%나 감소했다. 중국의 지방정부는 부동산 시장을 안정시키기 위한 대책을 내놓고 있으나, 중앙정부와의 정책적 일치를 이루기 위해 탐색적인 자세를 취하고 있다. 하지만 현재의 부동산 시장이 흔들리고 있다고 해서 기존의 규제 정책을 폐기하거나 섣불리 공격적으로 새로운 부양책을 내놓는 것도 바람직하지 않다.

코로나19로 중국의 부동산 개발 기업인 '개발상开发商'들의 자금 조달이 어려워지고 있다. 갑작스러운 사회 활동 정지에 따른 경기 침체와 미래에 대한 불확실성이 높아지자 재무 구조가 부실해 어려움을 겪는 한계 기업들은 도산 위기에 직면해 있다. 자금의 융통이 정지됐다는 의미다. 하도급업체들의 도산은 물밑에서 진행되고 있어 코로나19에서 벗어날 때쯤 수면 위로 올라올 것으로 보인다.

2020년 1월부터 전국적으로 아파트와 빌딩의 할인 판매를 하는 등 특단의 자구책을 펴는 기업들도 보이고 있다. 코로나19로 공사가 4개월 이상 중단되면서 분양이나 준공이 어려워진 중국의 영세 건설업체들의 도산이 줄을 잇고 있다. 공사를 재개하려고 해도 춘절을 고향에서 보내기 위해 지방으로 내려간 농민공들이 돌아오지 않거나 오더라도 공사에 투입되지 못하고 있다.

중국의 중견·중소 건설업체들의 경우 M&A가 진행될 것으로 보인다. 진행 중이던 프로젝트가 중단되는 사례가 많아지면서 프로젝트 통 매매도 상당히 증가할 것으로 예상한다. 한계선상에서 명맥을 유지하던 건설업체의 파산은 예정된 수순이다. 주택 부문에 집중한 건설사들의 피해가 가시화될 전망이다.

부동산 개발상들의 부채비율이 최근 몇 년 동안 빠르게 상승해오고 있어 코로나19로 금융 리스크를 초래할 수 있다. 중국 개발상들의 부채비율은 2010년 58%에서 2018년 108%로 크게 상승했다. 여기에 중국 내 주요 도시 가구들의 자금 또한 대부분 부동산에 묶여 있어 부채 압

순위	부동산 개발상
1	헝다부동산
2	삐구이위원
3	완커
4	융창중국
5	중하이
6	바오리발전
7	롱후
8	신청
9	화룬
10	광저우푸리

2020년 중국 10대 부동산 개발상

력이 급상승하는 상황이다. 중국 시난차이징西南财经대학의 〈2018 중국 도시 가구 부의 건강 보고서〉에 따르면, 중국 도시 가구의 자산 중 부동산 비중은 77.7%, 금융 자산은 11.8%에 그쳤다. 2019년 말 기준, 가구의 은행 대출 잔액은 55조 3,000억 원으로 명목 GDP 대비 비중은 2008년 17.9%에서 55.8%로 급증했다.

중국 부동산 '패러다임' 변화

중국의 상가나 오피스텔 등 수익형 부동산의 경우 코로나19로 상권의 중심이 오프라인에서 온라인으로 이동함에 따라 전망은 갈수록 어두울 것으로 보인다. 중국은 코로나19로 인해 쇼핑몰, 마트, 호텔 등 다중 이용 시설의 투자 기피 현상도 나타나고 있다. 코로나19 여파로 다른 투숙객과 마주치지 않고 독립된 환경에서 여가를 즐길 수 있는 리조트, 콘도, 글램핑 시설 등 비대면 시설을 갖춘 자산은 투자자들의 관심을 끌 것으로 예상한다.

최근 중국 대도시에 소재한 기업들은 감염 위험을 분산하기 위해 단기 공유 오피스 임차 수요는 증가한 것으로 나타났다. 재택근무가 여의치 못한 일부 기업들은 공유 오피스를 임차해 사무실과 일부 조직을 분산하는 것이다. 그러나 코로나19 여파로 경제 불안감이 커지면서 전반적인 오피스 임대차 활동은 정체되고 있다.

코로나19 이후 중국의 대도시 오피스 소유주와 세입자들은 근무 방식이나 업무 공간의 활용 방법 등에 대한 합리적이고 실용적인 인식의 변화가 일어날 것으로 보인다. 사무실 내부 설계와 디자인은 옆 직원과의 거리는 넓어지고 책상, 팀 협업 공간, 회의실 등의 규모는 줄어드는 등 근무의 형태나 근무 방식은 많은 변화가 일어날 것으로 보인다. 중국은 재택근무, 원격 근무라는 새로운 작업 방식으로 인해 부동산 패러다임이 변화할 것이란 전망이다.

코로나19로 인해 중국인들의 주택 거주에 관한 개념이 변하고 있다. 기존 소유로서 자산 가치에 더해 건강한 삶을 사는 기능적인 면모도 중요시되고 있다. 건강에 대한 관심과 의식이 올라가면서 '건강 주택'이라는 개념이 주택업체들 사이에서 확산되고 있다.

향후에는 중국뿐 아니라 세계적으로 부동산 상품 전체가 건강을 더욱 강조하는 것이 하나의 큰 흐름이 될 것이다. 최근 수년간 많은 주택업체가 녹색과 친환경을 강조하고 있으며 수요 증가에 따른 품질 개선도 더욱 중요해 보인다. 입주 기업에 종사하는 직원들의 건강과 행복감을 최우선으로 고려하는 시스템을 구축한 건물이 경쟁력을 갖춘 빌딩이 될 것이다. 건강, 안전 보호, 건물 관리, 열 감지 영상 시스템, 에어컨 필터 살균 시스템 등 건물의 스마트 헬스 시스템 구축은 모든 건물주의 의무로 자리 잡게 될 것이다.

북신건재北新建材 왕병王兵 회장은 "부동산업계는 지금 위기와 기회를 동시에 맞이하고 있다. 위기를 해결하는 열쇠는 부동산의 품질 제고에 달려 있다"며 "중국 부동산은 매우 빠르게 발전하고 있고, 모든 사람이 각기 다른 집에서 살고 있기 때문에 질적인 개선에 대해서는 거대한 시장이 존재하고 있어 업체들의 공동 노력이 필요하다"고 말했다.

비대면 수요 증가와 물류 부동산의 부상

코로나19 확산 여파로 고수입 가구가 많은 베이징, 상하이, 항저우, 광저우, 선전 등 대도시 소매 상권의 수요는 감소하는 반면, 온라인 쇼핑몰 등을 활용한 비대면 언택트 소비 증가로 물류 부동산이 부상할 것으로 보인다. 중국의 물류 전문가들은 코로나 이후 물류 자산의 투자 규모가 가장 크게 늘어날 것으로 전망하고 있다.

코로나19의 영향으로 다중이 모이는 백화점이나 쇼핑몰의 이용은 현저하게 줄어들 것으로 보인다. 온라인 매장의 임대와 관리에 드는 물적인 비용 절감은 물론 인적 투입을 최소화할 수 있어 비용의 파격적인 절감이 가능하다. 전자상거래는 중국 경제 발전에서 더 중요한 지위를 차지하고 중요한 역할을 할 것으로 보인다. 교통이 편리한 지역과 도시 인근의 대형 물류 창고의 등장은 자연스러운 일이다. 핵심 도시 지역뿐 아니라 전국적인 물류망의 구축은 물류회사의 당면한 과제다.

홈오피스가 중국 오피스의 새로운 트렌드가 될지는 확실하지 않으나, 코로나19 기간 중 재택근무 경험을 통해 사무 공간의 근본적인 존재 필요성에 대한 논의가 많아질 것으로 보인다. 주택을 구매하는 시점에서 재택근무를 염두에 둔 주택의 구조와 면적을 고려할 수밖에 없을 것이다. 이러한 수요를 감안할 때 주택 투자자와 개발업자들은 미래 중국의 주택 개발 계획에서 이러한 지역의 설계를 고려 사항에 포함시켜야 할 가능성이 높다.

코로나19의 영향으로 몇 개월간 자가격리를 경험하는 과정에서 거주 지역의 출입구에 스마트 택배 캐비닛의 필요성이 대두되었다. 신설 아파트를 설계할 때 택배 캐비닛은 필수 설비로 자리 잡게 되고 기존 아파트에도 캐비닛의 추가 설치는 엄청난 수요가 있을 것으로 보인다.

대도시의 인기는 식지 않을 것

중국의 대형 병원이나 수준 높은 의료 시설은 모두 대도시에 집중돼 있다. 3·4선 도시의 의료 시설은 미약하고 의료 인력의 수준 또한 대도시와 차이가 크다. 따라서 지방 도시로 향하는 하향 압력은 중장기적으로 점차 사라지고 대도시 집중 현상은 더욱 가속화될 것으로 보인다.

코로나19 이후 중국 부동산 시장, 아파트는 상승 여력 있어

중국 국가통계국의 발표에 의하면, 최근 부동산 가격은 뚜렷하게 내림세를 지속하고 있다. 신규 분양은 물론 중고 아파트가격도 하락하고 있다. 전반적으로 주택가격이 하락한 도시의 비율이 높지는 않았으나, 베이징·상하이·광저우·선전 등 대도시의 중고 주택가격이 모두 내렸다. 상하이는 중고 주택가격이 5.85% 하락하면서 4대 1선 도시 중 가장 큰 하락 폭을 기록했다. 하락 치는 평방미터당 3,401위안으로 전국 최대 하락 치다. 코로나19가 창궐한 중심지인 후베이성과 우한 지역은 부동산 거래가 완전히 끊겼다.

코로나19 이후 집값이 오를까? 오른다면 정부는 무슨 수단으로 투기를 막을 수 있을 것인가. 미국 등 글로벌 통화 완화가 시작됐는데 부동산 가격이 치솟지 않을까?

부동산 전문가들은 "집을 살 사람은 걱정하지 말고, 개발업자는 환상을 품지 말라"는 말로 중국 부동산의 급격한 변동은 일어나지 않을 것임을 암시하고 있다.

미국이나 유럽 등은 코로나19의 확진자 숫자가 증가하고 있으나, 중국은 코로나19를 통제하는 데 전반전을 끝내가고 있다. 공장은 생산을 재개하고 정상화를 향해가고 있다. 세계 각국의 중앙은행은 돈을 찍어내고 있다. 중앙은행이 돈을 찍어내도 집값이 떨어진 전례가 없었음을 주목할 필요가 있다.

코로나19 아래에서 부동산 가격의 급상승은 존재하지 않을 것으로 보이나, 경기를 고려해야 하는 정부로서는 부동산 정책을 엄격하게 규제하는 것은 지속 발전에 이롭지 않을 것으로 보인다. 2019년 중앙경제공작회의의 기본 기조는 투기는 막되 건전한 발전을 유지하는 것이었다.

중국 부동산은 30년간 꾸준히 상승했다. 부동산 투기는 기본적으로 끝났다고 인식하기 시작했다. 부동산은 새로운 주기에 진입했다. 부동산의 양극화와 개발상의 양극화가 분명하게 나타나고 있다. 정책이 느슨해진다고 해서 단기적으로 집값이 급상승하지는 않을 것이다.

지방의 중소 도시는 도시화가 진행되고 있어 상승 여력이 여전히 존재하고 있다. 우한은 코로나19를 겪고 중국의 일류 도시로 부상할 가능성이 매우 높아졌다. 중앙정부의 지원뿐 아니라 코로나19를 극복하는 과정에서 미래 발전 가능성과 경쟁력을 갖췄기 때문이다.

새로 집을 장만하려는 사람은 집을 사야 하나

"집을 사는 데 주저할 필요가 없다"라는 것이 대다수 전문가의 답변이다. 화폐 가치의 하락은 불을 보듯 뻔하고, 중국 부동산은 장기적으로 우상향할 것이므로 주저할 필요가 없다. 은행 대출에 대한 이자 부담이 낮아질 것으로 보이는 것도 좋은 환경이 조성되는 것이다. 다만, 매수 타이밍을 잘 잡아야 한다. 인내심은 미덕이고 자산을 가진 사람들은 조급해하지 않아도 된다.

장기임대아파트 시장은 코로나19 여파에도 불구하고 인간 생활의 기본인 주거 문제이다 보니 호텔, 여행업, 식당업 등의 업종에 비해 상대적으로 영향을 덜 받는다. 2020년 하반기에는 상당 수준으로 회복될 것으로 보인다. 2019년 한 해에 걸쳐 꾸준히 하락해 바닥에 근접해 있어 상승 여력이 존재한다. 또한 임대업계는 상당한 구조조정이 이뤄져 공급 물량이 줄어들어 있기 때문에 시장 상황은 좋아질 것으로 평가한다.

장기임대아파트 공급은 단계적으로 감소할 것으로 보인다. 최근까지 시장 경쟁이 약화됐고, 2020년부터는 호전을 기대하고 적지 않은 자본을 투입했으나 코로나19를 맞이해 시장의 불확실성은 더 커지고 반등 기회를 상실하고 말았다.

한편 토지 시장은 상승 여력이 존재한다. 2019년 중국의 토지 시장은 호가가 높은 수준을 유지하고 상승세를 이어갔으나, 2020년 1분기 코로나19 영향으로 각 지방정부는 토지 매각을 중단하거나 보류했다. 그 결과 거래 규모는 전년 동기 대비 감소 폭이 2배가 넘었다. 반면 베이징·상하이·광저우·심천 등 1선 중점 도시를 중심으로 토지 공급을 늘려 판매가 진행돼 가격 상승으로 이어졌다.

2020년은 중국 토지 시장의 오프라인 판매가 여전히 회복되지 못할 것으로 전망한다. 다만, 이러한 배경에서 장기적으로 부동산 수요가 지속되고 보장되는 1·2선, 3선 도시에 대한 관심은 증가할 것으로 예상한다. 베이징·상하이를 비롯한 1·2선 도시의 우량 토지는 공급 흐름이 이어질 것이다. 가격 또한 지속적으로 상승할 것이다.

중국의 중앙은행 및 금융 당국의 직접적인 개입이 필요하다. 향후 중국의 부동산 시장이 무너지지 않고 도시 주택의 효율적인 공급과 수요를 촉진시키기 위해 도시의 주택, 상업 및 공공 시설 건설을 위한 토지는 해당 지역 도시의 취업자 수, 지역의 경제 활동 인구수 등 주요 지표와 연계해 부동산 정책을 시행할 것으로 보인다.

중국 정부의 부동산 정책

부동산은 경제 성장의 기초이며 고용 시장에서 매우 중요한 역할을 해왔다. 급속한 경제 붕괴나 충격을 완화하기 위해 정부는 다양한 대책을 내놓을 것으로 보인다. 부동산 기업들의 자금 경색을 해결하기 위해 대출금 상환을 연기하거나 대출 만기 연장, 상환 계획을 조정해줌으로써 판매 위축에 따르는 자금 경색이나 충격을 완화시킬 것이다.

부동산 투기 억제를 고수하고, 투기로 인한 금융 리스크를 미연에 방지하기 위한 조치를 취할 것이다. 공급처의 조정을 강화해 합리적으로 부동산 시장의 공급을 늘리고 땅값의 상대적 안정을 기할 것으로 예상한다.

장기적으로는 집값 상승 압력에 대비할 것이다. 정부가 효율적으로 통제하지 않으면 집값은 빠르게 반등할 가능성이 매우 높다. 경제적인 기반뿐 아니라 산업·의료·교육 등 자원이 발달한 도시들의 집값 안정은 매우 중요하기 때문이다.

코로나19를 겪으면서 3·4선 도시들의 물류, 공공 위생 자원, 응급 관리 등에서 열세가 드러나 이들 도시에 대한 개선 대책을 다양하게 시행할 것이다.

장명귀張明贵 신희망부동산新希望地产 총재는 "기업은 코로나19를 통제할 수 있다. 기업은 위기에서 선택적 발전을 하는 것이 영원한 숙제"라며 2020년 상반기에 정부는 신속하게 전국의 주요 대도시 중심지를 좋은 가격에 공급해 기업 투자가 이뤄지도록 해야 한다. 이것은 선순환 경제의 안정적 순항을 보장할 수 있다. "개발업자들은 정부의 움직임에 적극 호응하고, 더 많은 부지를 사들여 업계가 발전할 수 있도록 토대를 마련해야 한다"고 지적했다.

중국 부동산 개발 기업에 대한 전문가들의 관점

2020년 3월 18일 발표한 '중국 부동산 500대 개발기업평가연구보고2020中国房地产开发企业500强测评研究报告'에 따르면, 부동산업계 전체로는 전년 대비 증가 속도가 현저히 둔화됐다.

부동산 시장이 조정기에 접어들면서 주택업체들의 전반적인 전략은 신중하고 안정적이 되는 것으로 나타났다. 개발상들의 경쟁력 확보를 위한 100대 주택업체 간 M&A가 빈발하고 업종 집중이 가속화될 것으로 보인다.

펑준冯俊 중국부동산협회中国房地产业协会 회장은 "전염병이 민생과 경제·사회 발전에 큰 영향을 끼쳤으나 수요가 사라지지 않았으니 코로나19 이후 부동산 시장을 지나치게 비관할 필요는 없다"고 말했다. 이어 "중국의 부동산 소비는 수요가 존재하는 한 단기적으로 판매가 유보되는 것일 뿐 수요가 사라지는 것은 아니다"며 "집은 거주용이지 투기용은 아니다"라고 강조했다.

펑준 회장은 "코로니19 상황을 지나치게 비관할 필요는 없고 위험을 기회로 봐야 한다"며 "중국 부동산의 장기적인 성장은 기본적으로 큰 변화가 없을 것"이라고 말했다. 코로나19가 지나가면 중국 부동산업계 전반에 1차 수요가 폭발할 것이라고 믿기 때문에 2020년은 중국 부동산업계의 큰 기회가 될 수 있다는 의미다.

중국 욱휘홀딩스旭辉控股 CEO 임봉林峰은 코로나19로 인한 부동산 시장을 비관적으로 예측한다. "부동산 투자에서 '자금은 왕'이다. 현 상황에서 지출과 투자를 줄여야 하며 극단적으로 상황을 가정하고 자금을 관리해야 한다. 기업은 건설 능력을 제고하고 내공을 단련해야 한다. 부동산 건설과 판매에 대한 원가 개념을 철저히 하고 관리 능력과 효율을 제고하는 것이 매우 중요하다. 부동산 품질에 주목해야 하고 규모에 무게를 두지 말아야 한다"라며 현금 확보와 단기적으로 불어닥칠 충격에 대비해야 한다고 주장하고 있다.

정부가 리드하는 부동산 시장, 기회와 도전

중국 부동산 가격 변동에 가장 큰 영향을 끼치는 것은 국가의 정책이다. 토지 가격이나 인허가 및 용적율 등 다양한 허가권을 쥐고 있는 중국 정부의 정책 방향이 가장 큰 영향을 끼친다. 정부의 정책은 시장을 선도하기보다 급격한 충격을 받은 시장 상황을 고려해 정책을 조율할 가능성이 매우 높다. 경기 회복과 성장률을 예민하게 체크하는 시스템이 작동되기 때문에 부동산 시장의 가격 변동에 직접 충격을 주는 정책은 펴지 않을 것으로 본다.

중국 경제는 2020년 1분기에 엄청난 충격을 받았다. 통화정책과 재정정책의 조정은 양적 완화 방향으로 정책을 펼 것이 확실해 보인다. 중국 부동산 시장에 대한 수요와 공급은 엇박자를 낼 가능성이 매우 높다. 정부는 부동산 시장의 활성화보다 과학기술, 의료, 바이오, 건강, 교육 등 정책적 우선순위를 둘 것으로 보여 부동산 가격을 견인하는 요인은 상대적으로 낮아질 것으로 보인다. 따라서 시장 요인에 비춰볼 때 집값은 단기적으로 하락할 것이다.

부동산 가격은 심리적인 영향을 많이 받는 영역이다. 경제가 전체적으로 위축되면 부동산도 위축될 가능성이 매우 높다. 다만, 하락 폭이 높지 않을 것으로 보인다. 단기적으로는 하락하되 상승 여력도 만만치 않은 만큼 하락에서 보합세를 유지할 것이다.

중국 경제의 내수를 견인하면서 부동산 시장의 과열을 방지하는 방향으로 효과적인 부동산 정책은 무엇일까? 정부와 개발상, 금융기관들은 응급조치로서 현재 발생할 수 있는 금융 리스크를 회피하기 위해 우량 부동산 기업에 대해 신규 대출이나 대출 상환 연기를 주장하고 있으나, 중장기적으로 효과적인 방법은 공급량을 조정하는 것이다.

전문가들은 중국의 농촌 주택 건설용 택기지*에 대한 시장화 개혁을 추진하는 것이 효과적이라고 지적하고 있다. 시장화 개혁을 통해 중국 내 주요 중점 도시의 토지와 신규 주택 공급을 확대하는 것이다. 지역 내 거주하고 있는 외지인 및 지역 인구에 제한을 걸었던 토지 정책의 기준을 완화하고 주택담보대출금리 할인 등 혜택을 주는 방법도 있으나, 궁극적으로 공급 측면의 개혁을 통한 주택 수요를 끌어올려 부동산 투자를 활성화시키는 것이 부동산 거래를 촉진시킬 수 있다는 설명이다.

부동산 시장 안정을 위해 택기지 시장화 개혁을 주장하는 이유는 중국이 전반적으로 도시화 비율에 비해 산업화 비율이 높은 데 기인한다. 중국의 급속한 산업화로의 진행으로 택기지 토지들이 대량으로 방치되거나 사용률이 저하되고 있다.

중국의 주요 도시들에 밀려드는 약 800만 명 이상의 대졸자, 2억 명 이상의 농민공이 도시 주택 수요를 상승시키는 요인으로 작용하고 있다. 이 과정에서 도시 주택 수요가 상승하고 택기지 개발의 필요성이 존재하는 것이다. 중국의 도시화 과정에서 인구 이동은 중심 도시 혹은 주변 주요 도시로 군집 이동하기 때문이다.

부동산은 개혁개방 이래 중국 경제의 버팀목 역할을 해왔다. 다른 산

---

* 택기지(宅基地)는 집체 소유의 토지를 농촌의 개인이 주택 용지로 점유하고 있는 형태의 토지를 말한다. 중국 헌법 제10조는 "농촌과 도시 주변의 토지는 법률 규정에 의해 국가 소유로 규정하는 경우를 제외하고는 집체 소유이며, 농촌 주택 용지(宅基地), 자유 경작지(自留地), 산(自留山)은 모두 집체 소유다"라고 규정하고 있다.

업이나 업종이 부동산만큼 중요한 역할을 대신할 수 없다. 중국 국가통계국은 2019년 부동산 산업이 중국 GDP에 약 7% 정도 직접적인 기여를 했다고 발표했다. 부동산 산업과 관련된 전·후방 산업을 고려할 때 건설업, 금융 서비스업, 가구, 가전, 건재 및 지방정부의 토지 양도 수입 등을 포함하면 부동산 산업의 중국 전체 GDP에 대한 기여는 약 25%로 추산할 수 있다. 부동산은 정부 재정 수입의 주요 원천*이다. 관련된 세수가 중국 내 공공 재정 수입의 약 24%를 차지하고 있으니 부동산 문제는 중국 경제 전반과 관계가 밀접할 수밖에 없다.

한국 기업, 중국 진출의 기회

코로나19가 전 세계로 번져가는 상황에서 중국 부동산 투자는 불확실성이 증가할 것으로 보이지만, 단기적으로 가격 하락이 확실해 보여 양질의 부동산을 취득할 수 있는 기회가 될 것이다. 지속적으로 도시화가 진행되고 있는 나라인 만큼 여전히 투자 매력이 있다는 의미다.

대도시 주민들의 소득은 한국과 별반 차이가 나지 않는다. 구매력평가PPP 기준으로 보면 베이징·상하이·심천 등지는 한국을 초월한 도시들이다. 한국은 중국의 옆집에 살면서도 중국의 개혁개방이 진행되는 동안 엄청난 부동산 투자 기회를 놓친 아쉬운 경험을 가지고 있다. 코

---

* 지방정부의 토지분 양 수입은 2019년 기준 약 7조 2,000억 위안으로 지방정부의 공공 재정 수입의 약 44%를 차지한다. 지방 재정의 가장 탄력적인 수입원의 일부로서 인프라 투자의 중요한 재원이 되고 있다.

로나19의 영향으로 중국 부동산 시장의 거친 출렁거림이 눈앞에 다가와 있다. 실탄이 준비된 기업들은 이번 기회를 노려볼 만하다. 물리적으로 멀리 떨어진 유럽이나 미국에 투자할 것이 아니라 1~2시간이면 언제든 도달할 수 있는 중국에 투자하는 것도 괜찮은 선택이다.

GVC 속에서 '중국은 우리의 내수 시장이다'. 중국 부동산 시장, 수익형 부동산에 투자할 수 있는 절호의 기회가 바로 눈앞에 다가와 있다.

9장

에듀테크 전성시대의
개막

이벌찬 | 〈조선일보〉 국제부 기자로 베이징대학 신문방송학과를 졸업했다. 〈조선일보〉 사회부·미래기획부를 거쳤다. 17년 동안 중국 지린성·랴오닝성·베이징 등지에서 거주한 경험이 있는 중국통이다. 2020년 3월에는 북중 접경 지역을 누비며 심층 취재한 결과물인 《북중 머니 커넥션》을 펴냈다.

AFTER
CORONA

중국 온라인 교육 플랫폼 위안푸다오는 10억 달러(약 1조 2,000억 원)의 투자금을 새로 조달했다고 발표했다. 코로나19 사태로 기업들의 투자 계획이 속속 철회되던 3월에 성사된 '빅딜'이었다. 중국의 3대 IT 기업 중 하나인 텐센트를 비롯해 대형 벤처캐피탈인 힐하우스캐피탈, 보위캐피탈, IDG캐피탈 등이 투자에 참여했다.

대규모 투자를 유치한 위안푸다오는 하루아침에 몸값이 2배 가까이 올랐다. 2020년 초 30억 달러(3조 6,000억 원)였던 기업 가치는 5월 말 78억 달러(9조 7,000억 원)로 급등했다. 유니콘(기업 가치 1조 원 이상 비상장 신생 회사)에 등극한 지 3년 만에 몸집을 3배로 불린 것이다. 인터넷 기업 넷이즈網易, Netease의 직원들이 사표를 내고 창업한 위안푸다오는 유치원부터 초·중등 학생들의 과목별 강의를 온라인으로 제공한다. 코로나19 확산으로 초·중·고교의 개학이 연기되자 발 빠르게 '온라인 무료

강의'를 풀어 사용자를 크게 늘렸다.

애프터 코로나 시대에 중국의 '에듀테크EdTech' 기업들이 각광 받고 있다. '언택트'가 삶의 양식으로 자리 잡으면서 '비대면 교육'에 대한 관심이 그 어느 때보다 뜨겁기 때문이다. 에듀테크는 말 그대로 '교육Education'과 '기술Technology'의 합성어로, 4차 산업혁명 시대의 비대면 교육 방식을 뜻한다. AI는 물론이고 빅데이터, SW, VR, AR, 3D 기술 등 온갖 첨단 기술을 총동원해 학생들이 집에서 가장 개인화된 교육 서비스를 받도록 한다.

에듀테크 산업의 최강자

중국은 명실공히 에듀테크 산업의 선두주자다. 미국 데이터연구기업 홀론아이큐HolonIQ는 2020년 1분기 에듀테크 시장에 대한 벤처캐피탈 투자가 30억 달러에 달했다고 발표했다. 주목할 점은 중국의 투자액이 전 세계의 50% 이상을 차지했다는 것이다. 미국(20%)·인도(10%)·유럽(8%)이 중국의 뒤를 이었다. 중국에서 에듀테크 투자가 가장 활발하다는 얘기다.

에듀테크 서비스 보급도 그 어느 나라보다 앞서 있다. 글로벌 교육회사인 네비타벤처스Navita Ventures의 최신 조사에 따르면, 중국 수도인 베이징은 세계에서 에듀테크 접근성이 가장 뛰어난 도시인 것으로 나타났다. 도시 인구는 2,000만 명에 달하는데도, 에듀테크 기업은 100만 명당 120곳꼴로 촘촘하게 설립돼 있기 때문이다. 에듀테크 산업이 발전

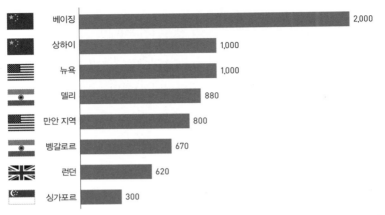

세계 주요 도시에 설립된 에듀테크 회사의 본사 숫자

베이징	2,000
상하이	1,000
뉴욕	1,000
델리	880
만안 지역	800
벵갈로르	670
런던	620
싱가포르	300

출처: 네비타벤처스, 〈FT〉

한 뉴욕(117곳)보다 많은 수준이다. 에듀테크 기업들의 본사도 중국 주요 도시들에 집중돼 있었다. 베이징에 2,000곳, 상하이에 1,000곳이 있어 뉴욕(1,000곳)을 제외한 세계 도시들을 압도했다.

세계 에듀테크 유니콘도 중국에 몰려 있다. 글로벌 시장조사기관 CB 인사이트CB Insight가 2019년에 선정한 '6대 에듀테크 유니콘' 가운데 무려 5곳이 중국 회사였다. 2018년에 선정한 '10대 에듀테크 유니콘' 중에는 7곳이 포함됐다. 중국 에듀테크 기업들의 가치는 수십조 원에 달한다.

중국 시장조사기관인 왕징서전자상무연구중심은 2019년에 중국 주요 에듀테크 기업 12곳의 시장 가치 합산액이 25조 5,000억 원(208.8억 달러)에 달한다고 발표했다. 한때 미국의 기업들이 에듀테크업계를 선도했지만, 이제는 중국이 다크호스를 넘어 왕좌에 오른 것이다.

기업명	기업 가치
위안푸다오(猿輔導)	78억 달러
브이아이피키드(VIPKID)	45억 달러
후지앙(滬江)	10억 달러
이치줘예(一起作業)	10억 달러
장먼1대1(掌門1對1)	10억 달러

중국 에듀테크 기업의 무기: 기술과 자본력

중국 에듀테크 기업들은 첨단기술을 적극적으로 적용하는 것으로 유명하다. 미래 교육의 모습을 앞서 보여주고 있다는 평가를 받는다.

2013년에 설립된 브이아이피키드는 5~12세 대상 화상 영어 교육으로 주목 받아 유니콘이 됐다. '화상 영어'라는 서비스 자체는 '이러닝(온라인 강습)'과 다를 바 없었지만, 이 회사는 AI 기술을 이용한 효율적인 커리큘럼과 지각知覺 AI기술을 도입해 차별화에 성공했다. 수업을 듣는 화면 속 학생의 표정과 감정을 분석해 '수업 몰입도'를 평가한 것이다. 누적된 데이터는 학생들의 수업 참여도를 알려줬을 뿐 아니라 어떤 교사가 인기 있는지도 가려냈다. 이런 과정을 거쳐 훌륭한 교사들을 선별해 수업에 투입할 수 있었다.

2018년 뉴욕 증시에 상장한 AI 영어 교육업체 류리쉬英语流利说는 '당신의 전속 AI 가정교사가 되겠다'는 모토로 '영어 스피킹' 교육에만 집중해 성공을 거뒀다. 이 업체가 개발한 앱은 AI를 이용해 사용자의 영어 발

브이아이피키드의 서비스 방식
• 안면 인식 기술이 적용된 화상 영어 수업 진행
• '학습 몰입' 정도를 측정해서 데이터 분석
• 학생의 집중력과 흥미가 떨어지면 수업 내용을 바꾸거나, 교사 교체
• 학습자의 어휘, 문법, 악센트를 분석해 교사가 참고

음을 평가할 수 있는 데다 섬세한 교정까지 가능해 2019년에 누적 사용자가 1억 명을 돌파했다.

막대한 자본력을 바탕으로 온오프라인 공세를 펼치는 기업도 많다. 송수AI는 초등학교에서 고등학교까지 AI를 응용한 원격 교육 서비스를 제공하는 회사다. 2015년에 창업해 2019년까지 13억 위안(약 2,100억 원)을 조달받았다. 회사는 2016년부터 2019년까지 300여 개 도시에 2,000여 개의 오프라인 학습센터를 세웠다. 이곳을 거쳐간 학생만도 200만 명이 넘는다.

중국 양대 사설 오프라인 교육업체 중 하나인 하오웨이라이好未來, TAL는 2018년 와이즈룸WISE ROOM이라는 스마트 교실 솔루션을 내놨다. 대규

중국의 주요 에듀테크 기업 유형	
유형	회사
숙제 코치	• 이치줴예, 노우박스, 위안푸다오
온라인 개인 수업	• 송수AI, 하오웨이라이
온라인 개인 영어 과외	• 류리쉬, 싱사운드, 브이아이피키드

출처: 〈SCMP〉

모 연구를 거쳐 개발한 AI와 뇌 과학에 기반한 서비스다. 교실에서 어떤 학생의 수업 참여도가 높은지 등을 파악해 교사가 학생별로 맞춤형 교육을 할 수 있도록 했다.

중국 에듀테크 기업의 미래 성장 동력

코로나19 사태가 지나가면 중국에서 에듀테크 산업은 한 번 더 도약할 것으로 보인다. 홀론아이큐는 "향후 교육의 디지털화 속도는 의료 분야를 넘어설 것"이라며 "에듀테크와 원격 학습에 대한 투자는 코로나19로 인한 당장의 혼란을 완화시키는 데 그치지 않고, 개방적이고 유연한 교육 시스템을 도입하게 할 것"이라고 분석했다. 에듀테크의 수요는 일시적이지 않고 계속해서 늘어날 것이란 얘기다. 여기에 중국만의 독보적인 경쟁력들이 더해지면 중국 에듀테크 기업들은 전성시대를 맞게 된다. 코로나19 사태로 중국의 에듀테크 경쟁력이 더욱 강화됐다는 분석도 나온다.

(1) 중국 에듀테크 기업의 첫 번째 경쟁력은 거대한 시장 규모다. 중국의 전체 교육 시장 규모는 약 2조 6,800억 위안(약 465조 원, 2018년)에 달한다. 2019년 중국 온라인 교육 시장 규모는 4,041억 위안(약 69조 원)으로 전체 시장 규모의 7분의 1 수준이다. 향후 에듀테크 서비스의 확산 공간이 큰 것으로 평가된다.

코로나19 여파로 중국 내 온라인 교육 수요도 빠르게 늘어나고 있다. 중국 시장조사기관인 아이미디어리서치iMedia Research는 전염병으로 인한 온라인 강의 수요 증가로 2020년 온라인 시장 규모는 4,538억 위안(약 78조 원)으로 늘어난다고 전망했다. 2023년에는 6,960억 위안(약 120조 원)으로 급속 팽창할 것으로 예측된다.

⑵ 중국의 학생 인구가 압도적으로 많다. 현재 중국의 초·중·고 재학생은 2.2억 명(중국 교육부, 2017년)에 달하고, 대학생과 성인을 포함한 온라인 교육 인구는 4억 2,300만 명(CNNIC, 2020년 3월)을 넘어섰다. 게다가 최근 35년 동안 이어져온 중국의 산아 제한(1가정 1자녀) 정책이 폐지되면서 늦둥이를 갖는 부모들이 늘어나고 있는 것도 긍정적이다. 세계 주요국이 급격히 떨어지는 출생률로 고민할 때, 중국에서는 학생 인구가 지속적으로 늘어날 가능성이 높아진 것이다.

⑶ 중국 정부의 규제가 느슨하다. 한국이나 미국은 엄격한 개인정보 보호법으로 인해 업체가 접목할 수 있는 첨단기술에 제한이 많다. 그러나 중국은 학생 개인 정보 수집은 물론이고 생체 정보를 실시간 추적하는 시스템을 도입하는 데 거리낌이 없다. 중국 관영 언론에서조차 에듀테크 기업들의 '실험'을 두고 "선을 넘는 것 아니냐"는 목소리를 낼 정도지만("교실의 학생들을 안면인식 기술로 감시해도 괜찮은가?", 〈신징바오〉, 2019년 9월 5일) 그렇다고 해서 정부가 지원 사격하는 국가 교육 실험에 제동이 걸리는 일은 없다.

⑷ 중국 정부의 기업 지원이 전폭적이다. 2011년부터 중국은 매년 교육 분야에서 정부 지출 규모를 크게 늘리고, 에듀테크 기업 육성을 돕고 있다. 대표적인 사례가 '중관촌인터넷교육창신센터MOOC TIMES BUILDING'란 이름의 건물이다. 중국의 실리콘밸리인 베이징 중관촌 노른자위 땅에 들어선 이 22층짜리 건물은 에듀테크 기업들의 산실로 불린다. 매년

70여 곳의 기업들이 이곳에서 전폭적인 지원을 받으며 걸음마를 뗀다.

특히 코로나19 이후에 중국이 대대적으로 펼칠 '신형 인프라 건설' 전략은 에듀테크가 더 크게 성장할 토양이 된다. 5G망 확대 등이 에듀테크 서비스를 더욱 용이하게 만들기 때문이다.

(5) 중국 학부모와 학생들은 교육열이 높고, 개인정보 침해에 둔감하다. 중국의 AI 기반 교육 시스템 중 상당수는 안면 인식을 위한 얼굴 정보를 요구한다. 이런 종류의 데이터를 수집하려고 하면 미국 같은 선진국에서는 대뜸 눈살부터 찌푸릴 것이다. 빅브라더 사회에 대한 오래된 공포가 일개 주식회사의 신체 정보 수집을 용납하지 않기 때문이다. 그러나 중국의 학부모는 평균 가계 수입의 5분의 1 이상을 아이 교육에 쓸 정도로(《SCMP》) 교육열이 높기 때문에 신체 정보를 제공하고 더 나은 교육 서비스를 받는 것에 만족할 정도다. 아직도 남아 있는 중학교, 고등학교 입학시험이 이런 현상을 부추긴다.

(6) 중국의 인터넷 대기업들이 신생 에듀테크 기업에 투자를 늘리고 있다. 중국의 에듀테크 유니콘인 브이아이피키드, 위안푸다오, 후지앙, 이치줘예, 장먼1대1 등은 중국 3대 인터넷 기업인 BAT(바이두·알리바바·텐센트)가 투자금을 쏟아부은 곳들이기도 하다. 홀론아이큐에 따르면, 2019년 중국 에듀테크 기업에 투자된 금액은 52억 달러로, 미국 투자액(16억 달러)의 3배가 넘었다. 코로나19 후폭풍으로 마땅한 투자처를 찾지 못할 때, 중국 대기업들이 떠오르는 언택트 산업인 에듀테크에 투자금을 계속해서 몰아줄 것으로 보인다.

코로나 이후 전장戰場은 교실

중국 저장성 항저우제11고등학교杭州第十壹中學는 2018년 세계 최대 CCTV 제조회사인 하이크비전海康威視과 제휴해 안면 인식 AI 카메라 시스템을 도입했다. AI가 적용된 각종 최신 교습 장비도 갖췄다. 학생들의 수업 집중도를 높이고, 교습 방식을 개선하겠다는 취지에서 교장이 직접 나서서 변화를 이끌었다.

이 학교에 설치된 AI 카메라는 30초마다 교실 사진을 찍었다. 학생들의 얼굴을 일일이 읽어 표정과 행동을 기록하기 위해서다. AI 카메라가 포착하는 행동은 6가지다. 읽기, 쓰기, 듣기, 일어서기, 손들기, 책상 두드리기 등이다. 표정은 기쁨, 슬픔, 반감, 분노, 공포, 놀람, 무감정 등 7가지로 분류한다.

카메라가 수업 내내 관찰한 학생들의 행동과 표정은 전부 저장된 뒤 꼼꼼하게 분석돼 한 장의 보고서로 압축된다. 학생이 수업 어느 구간에서 잘 이해했고(적극적 행위와 기쁜 표정), 어느 부분에서 보충 학습이 필요한지(소극적 행위와 부정적 감정 표출) 짚어준다.

AI는 수업 방식도 크게 바꿨다. 교사는 수업 시간에 판서板書를 쓰지 않았다. 음성 인식 기술이 장착된 전자 칠판이 교사의 말을 실시간으로 글자로 변환했다. 간혹 손가락으로 칠판을 툭툭 두드려 잘못 입력된 문구를 수정하거나 자료 화면을 띄웠을 뿐이다. 수업이 끝나자 칠판에는 영화 엔딩크레디트가 올라가듯 QR코드가 떴다. 학생들이 스마트폰으로 QR코드를 스캔했다. 수업 내용을 복습할 수 있는 인터넷 학습 페이지가 손안에서 열렸다.

코로나19 이후 중국 에듀테크 기업들의 전쟁터는 교실이 될 전망이다. 가열된 에듀테크 기업 간의 경쟁이 집에서 교실로 고스란히 이어질 것이기 때문이다. 학교 교실은 중국의 에듀테크 기업들의 최고의 테스트베드이자 거대한 잠재 고객을 발굴할 수 있는 곳이기도 하다.

에듀테크 산업에 주력하지 않았던 첨단기술 기업들도 교실 진출 경쟁에 뛰어들고 있다. 일례로, 중국 최고의 음성 인식 기술을 보유한 커다쉰페이科大訊飛, 아이플라이테크와 중국 최고의 안면 인식 기술을 보유한 상탕커지商湯科技, 센스타임는 각각 1,000여 개의 학교에 교육 패키지를 공급하고 있다.

원래 커다쉰페이는 중국 음성 인식 기술 시장의 70%를 차지하는 아시아 최대 음성 인식 기업이다. 정부 프로젝트에 주력해왔지만, 최근에는 교육 서비스가 전체 매출의 25%를 차지할 만큼 주력 사업으로 떠올랐다.

2016년 12월 저장성 닝보 제2중학교에 자사 제품인 '스마트 교실'을 도입했다. 스마트 교실은 학생들의 숙제와 시험지를 빅데이터로 분석하는 서비스다. 교사가 100여 건의 숙제를 평가한 결과를 기초로 AI 로봇이 평가 방법을 학습해 직접 채점한다. 교사의 업무 부담을 덜고, 학생들이 쉽게 틀리는 문제를 빨리 파악할 수 있게 한다.

현재 이 서비스는 베이징·광둥·장쑤 등 10여 개 성 1,000개 이상의 학교에서 채택하고 있다. 안후이성은 2021년까지 성省 내 모든 시市와 현縣의 학교 교실에 첨단기술을 도입하라는 지침을 내렸는데 커다쉰페이의 서비스를 대량 도입할 것으로 보인다.

커다쉰페이는 '스마트 교실' 외에도 다양한 교육 서비스를 개발하고 있다. 이 회사 서비스를 일부라도 사용하고 있는 학교 교실은 중국 전역에 1만 곳이 넘는다. 2019년 3월에는 안후이安徽성 허페이合肥시 첨단기술구의 사업국과 교육 빅데이터 응용 전략 협력 계약을 체결했다. 첨단기술구 내에 있는 모든 학교 교사들의 교육과 학생들의 행위 데이터를 분석해 맞춤형 학습을 할 수 있는 인프라를 제공한다.

커다쉰페이는 음성 인식 기술을 바탕으로 교실의 영어 수업도 장악할 것으로 보인다. 이 회사의 음성 인식 정확도는 98.1%에 달한다. 학생들의 영어 회화 실력을 세밀하게 평가하고 교정해줄 수 있다. 영어 텍스트를 영어 음성으로 읽어줄 수도 있다.

하오웨이라이는 교실에서 AI를 활용한 '중국어 표준어 교육'에 힘쓰고 있다. 중국의 소수 민족 학생들 가운데는 사투리만 쓰고 표준어를 못하는 경우가 많다. 이 서비스는 이런 학생들에게 표준어를 가르친다. 탑재된 기술은 크게 4가지다. 얼굴 인증, 언어 식별, 언어 식별을 통한 진위 판정, 광학문자인식OCR이다. 학생들은 모니터에 보이는 2차원 캐릭터의 안내에 따라 중국어 발음 테스트와 받아쓰기 등의 시험을 본다. 결과는 AI가 자동 채점한다.

바이두의 빅브레인은 중국의 '우수 교사' 9만 2,000여 명이 만든 수업 콘텐츠 등을 800만 전국 교사들이 활용할 수 있는 서비스다. 4,700만 건의 수업 자료는 물론 20만 건이 넘는 도서, 800만 건 이상의 음성 콘텐츠를 담고 있다. 온라인으로 연결된 그 어떤 교실에서도 최고의 교사가 진행하는 수업을 생생히 들을 수 있게 됐다.

바이두는 2019년에 벽지에 있는 1만여 개 학교에 스마트 교실을 무료로 1년 서비스해주기로 했다. AI·빅데이터·클라우드 기술을 동원해 학

한왕테크놀로지(汉王科技)의 교실 케어 시스템(Classroom Care System)	
항목	내용
비용	• 2~4개 교실 기준 9만 위안(약 1,600만 원)
기능	• 교실에 설치된 안면 인식 카메라로 학생 행동 데이터 수집 후 분석
평가 항목	• 집중력, 필기, 질문과 대답, 졸기(수업 태도), 장난(비非학습 행위) 등
특이 사항	• 5일마다 학생 평가 보고서를 교사와 학부모에게 전송

생 개인에게 맞춤형 학습 방안을 제공하는 것이 목표다.

'오모사피엔스'의 시대가 온다

"AI와 인간의 수업 능력 시합에서 AI가 이겼다."

중국 대표 에듀테크 기업인 송수松鼠AI의 수석설계자 리차드 통은 2017년부터 진행한 실험에서 이 같은 결과가 나왔다고 소개했다(리차드 통이 2018년 1월 하와이에서 열린 미국 AI협회AAAI 대회에서 밝힌 내용이다).

그의 실험은 약 1년 동안 4차례에 걸쳐서 진행됐는데 놀랍게도 AI 로봇의 도움을 받아 공부한 학생들의 성적이 '인간 교사'에게 배운 학생들을 압도했다. 로봇의 제자들은 평균 점수가 5.4점 올라간 반면, '인간 교사'로부터 배운 학생들의 평균 점수는 0.7점 오르는 데 그쳤다. 또 로봇은 8시간 동안 평균 42건의 지식을 가르칠 수 있었지만, '인간 교사'는 28건밖에 소화하지 못했다.

에듀테크 기업의 수혜를 입은 학생들은 과거와 다른 신인류가 된다.

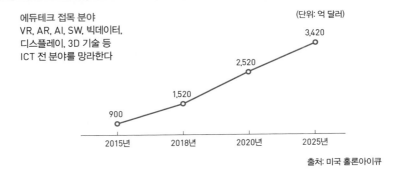

에듀테크 산업 규모

에듀테크 접목 분야
VR, AR, AI, SW, 빅데이터,
디스플레이, 3D 기술 등
ICT 전 분야를 망라한다

(단위: 억 달러)

3,420

2,520

1,520

900

2015년　2018년　2020년　2025년

출처: 미국 홀론아이큐

기존과 달리 훨씬 개인화되고, 시공간에 갇히지 않는 교육을 받았기 때문이다. 이들에게 굳이 이름을 붙이자면 '오모사피엔스'가 적당하다. 오모OMO는 'Online merges with offline'을 줄인 말로, 온라인과 오프라인 통합이 가속화된 사회에 적응한 인류를 뜻한다.

특히 중국에서는 오모사피엔스가 그 어느 나라보다 빨리 늘어나고 있다. 향후 에듀테크 기업들의 충성 고객이 될 이들이다. 실제로 미래학자 토머스 프레이Thomas Frey는 "2030년 지구상에서 가장 큰 인터넷 기업은 교육 관련 기업이 될 것이다"라고 예언했다. 에듀테크 기업이 AI·빅데이터·VR 등을 활용한 교육이 향후 표준으로 자리 잡고, 늘어나는 오모사피엔스에 따라 끝없이 성장할 것이라고 예측한 것이다.

세계적인 오모사피엔스 등장으로 에듀테크 시장이 무한 팽창할 것이란 기대감도 커지고 있다. 홀론아이큐는 세계 에듀테크 산업 규모가 2020년 2,520억 달러에서 2025년 3,420억 달러로 빠르게 커질 것으로 예측한다.

더 많은 기업이 에듀테크에 뛰어든다

코로나19 이후 인터넷업계에서 가장 이목을 끌었던 뉴스는 바이트댄스ByteDance의 에듀테크 산업 진출이다. 바이트댄스는 세계를 휩쓴 틱톡TikTok과 중국 최대 뉴스 정보 사이트인 진르터우탸오今日頭條를 키워 중국의 소셜미디어의 최강자로 여겨진다. 그런 바이트댄스가 이번에는 에듀테크 시장을 겨냥한 것이다. 바이트댄스는 2020년 4월 연달아 유아들을 대상으로 하는 교육 플랫폼을 출시했다. 먼저 2~8세를 대상으로 하는 영어 플랫폼 '과과룽영어'를 선보이고, 며칠 뒤에는 3~6세를 겨냥한 수학 교육 플랫폼 '과과룽스웨이'를 공개했다.

바이트댄스는 에듀테크 시장 진출 이유에 대해 "조사 결과 초등학교 1학년부터 고등학교 3학년까지를 대상으로 하거나, 성인 대상으로 하는 에듀테크 기업은 많았지만, 상대적으로 어린 2~8세용 플랫폼은 아직 적다고 판단했다"고 설명했다. 아직 남아 있는 2~8세 유아를 대상으로 하는 에듀테크 시장을 선점하려고 부랴부랴 나선 것이다.

중국의 거대 기업인 바이트댄스의 에듀테크 시장 진출은 중국에서 이 업계의 미래를 짐작하게 한다. 장이밍張一鳴 바이트댄스 회장은 교육 콘텐츠 개발을 2020년 핵심 임무로 지정했다. 관련 분야에 1만 명을 채용할 계획도 밝혔다. 장이밍 창업자는 중국 매체에 "과거 교육에는 시공간적 제약이 따랐지만, 최근 온라인 교육 열기가 뜨거워지고 있다"며 "이제 AI 등 최첨단기술을 결합하면 시너지 효과를 발휘하는 양질의 교육 플랫폼을 만들 수 있다"고 했다. 코로나19 이후 에듀테크 전성시대의 막이 올랐다는 통찰이다.

10장

급변하는 중국 플랫폼에
기회가 있다

한송이 | 칭화대학교 신문방송학과를 졸업하고, LG생활건강을 거쳐 현재는 CJENM에서 왕홍(인플루언서) 비즈니스와 콘텐츠 커머스를 맡고 있다.

AFTER
C✹RONA

전 세계를 패닉에 빠트린 코로나19가 확산됨에 따라 우리의 일상은 불과 몇 개월 만에 대대적인 변화를 겪고 있다. 많은 기업은 재택근무를 시행했고, 학교는 사상 초유의 온라인 개학을 했으며 사회의 중대소사들이 취소되거나 무기한 연장되었다. 모든 산업이 '변화'란 챌린징을 마주하고 있다.

감염에 대한 우려로 전대미문의 '집콕' 시대가 열렸다. 집에 머무는 시간이 길어짐에 따라 사람들은 '온라인'에서 보내는 시간이 많아졌다. 엔터테이닝 콘텐츠 소비가 대거 늘었으며, 비대면 서비스들의 이용률이 폭발적으로 증가했다. 그중 이커머스와 배달 산업이 황금기를 맞이하게 되었다.

새로운 변화 속에서 아주 작은 변화도 즉각적으로 반영되는 온라인 트렌드를 관찰해 코로나19 기간 동안 사람들의 생활이 어떻게 바뀌었는지 알아보려 한다. 코로나19의 타격을 가장 먼저 받은 중국의 온라인 마케팅 시장 변화를 플랫폼 중심으로 살펴보겠다.

코로나19로 인한 주요 현상

온라인 트래픽 증가

재택근무와 사회적 거리 두기 실천으로 인터넷 트래픽이 증가했다. 장시간 집에 머물게 된 사람들이 온라인 서비스로 몰리고 있기 때문이다. 동영상 스트리밍, 게임, 채팅, 배달 서비스 등 다양한 온라인 서비스로 사람들이 몰리고 있다. 과학기술정보통신부에 따르면, 국내 통신 사업자의 3월 인터넷 트래픽이 1월 대비 약 13% 증가했다고 한다("인터넷 트래픽 13%나 늘었다", 〈디지털타임스〉, 2020년 3월 24일).

구글은 2020년 3월 26일부터 한국을 포함한 전 세계에 제공되는 동영상 스트리밍의 기본 화질을 낮췄다("한국에서도 유튜브 화질 낮췄다", 〈조선일보〉, 2020년 3월 27일). 중국은 코로나19 확산 기간 동안 모바일 사용 시간이 월 평균 5시간으로 약 30% 증가했으며(Average Daily Hours spent per device on Mobile, 앱애니, 2020년 2월), 이 기간 활성 유저 증가율이 가장 높은 서비스 유형은 숏클립, 동영상, 뉴스 정보다(Quest Mobile-2020, 中国互联网"战役"专题报告-增长策略研究报告).

비대면화

비말로 전염되는 코로나19 감염을 피하기 위해 사람들은 비대면 서비스를 선호하기 시작했다.

외출을 하지 않고 이커머스로 식자재를 포함한 생필품을 구입했고 줌
zoom, 딩딩釘釘, DingTalk 같은 화상 회의 서비스로 업무와 수업을 진행했으
며 배달 서비스의 사용량이 늘었다. 바로고 조사에 따르면, 비대면을 위
해 배달 음식 주문 선결제 비중이 6% 상승했다고 한다(바로고, "코로나
19 확산 이후 선결제 비중 늘었다", 2020년 3월 12일). 선결제를 하면 소비자
는 라이더와 대면을 하지 않고 음식을 수령할 수 있기 때문이다. 문화
예술계의 모든 행사가 취소되면서 연예인들은 '방구석' 라이브로 온라
인 콘서트·행사를 진행해 팬들과 소통을 하기 시작했다.

중국은 비대면 제작이 가능한 클라우드 예능을 선보였다. 텐센트 비
디오의 〈어저하오성휘鵝宅好生活〉와 후난위성의 〈헤이!니짜이간마嘿!你在干

클라우드 예능: 〈헤이!니짜이간마〉 방송 중 출연자가 화상을 통해 푸시업을 대결하는 모습

출처: endata 2020 开启云综艺时代热点分析

嘛〉가 대표작이다. 출연진들의 '집콕라이프'를 주제로 감염을 피하기 위해 어떤 음식을 먹고, 어떤 일상을 보내는지를 본인이 직접 촬영하고 화상 연결을 통해 패널들과 대화를 나누는 화상 연결+브이로그vlog의 형태로 제작되었다.

홈코노미

홈코노미Homeconomy는 홈과 경제를 뜻하는 이코노미의 합성어로 집콕족들이 늘어나면서 모든 것을 집에서 즐기고 소비하는 새로운 트렌드를 의미한다. 필요한 생필품은 이커머스를 통해 구매하고, 외식 대신 배달 음식 혹은 밀키트Meal kit=Meal+Kit를 소비하고, 문화생활은 OTTOver-the top 콘텐츠로 대체하는 것을 예로 들 수 있다.

최근 면역력에 높은 관심이 생기며 집밥, 건강 관련 소비가 증가하면서 갑자기 살이 확 찐 사람을 지칭하는 '확찐자', 이런 확찐자를 벗어나기 위한 '홈트(홈트레이닝)' 등 모두 홈코노미 관련 유행어다.

중국 온라인 마케팅 플랫폼

소셜 기능이 있는 모든 플랫폼은 마케팅에 적합하다. 왕홍이라는 단어를 들어보았을 것이다. 왕홍网红은 온라인에서 핫한 무언가 혹은 인플루언서를 뜻하는 중국어다. 개인의 매력을 주 콘텐츠로 온라인에서 수십 수백만 명을 결집할 수 있는 영향력을 가진 개인을 지칭한다.

중국 온라인 마케팅에서 왕홍은 핵심이다. 이들이 활발하게 활동하

주류 온라인 마케팅 플랫폼

사진   영상   라이브   숏비디오

는 플랫폼이 마케팅적으로 가치가 높은 플랫폼이며 중국의 모든 트렌드를 가장 발 빠르게 알 수 있는 채널이다.

대표적인 플랫폼은 중국 최대 소셜미디어인 웨이보와 중국판 인스타그램 샤오홍슈小红书, xiaohongshu, Z세대들의 폭발적인 지지를 받고 있는 동영상 플랫폼 비리비리bilibili, 哔哩哔哩, 15초 숏클립 플랫폼 틱톡Tik Tok, 콰이kwai, 라이브 커머스의 절대적 왕좌를 차지하고 있는 타오바오淘宝网 라이브 등이 있다. 우리가 익숙한 텐센트 비디오, 유쿠투도우는 주로 PGCProfessional Generated Contents 콘텐츠를 서비스하는 OTT 플랫폼으로 분류한다.

코로나19 기간 동안 가장 '핫'했던 플랫폼인 중국판 틱톡 더우인Douyin과 타오바오 라이브, 비리비리를 살펴본다.

엔터테이닝 + 코로나19 뉴스 + 쇼핑까지 한 번에: 중국판 틱톡 더우인

지코의 〈아무 노래〉 챌린지의 성공이 숏폼Short-form 시대의 막을 열었다. 화사, 이효리 등 수많은 스타가 해당 챌린지에 참여해 관련 콘텐츠는 1억 뷰가 넘는 조회수를 기록하며 지코의 〈아무 노래〉는 한동안 음원 사이트 1위의 자리를 굳건히 지켰다("지코 '아무노래' 댄스 챌린지 대유행… 1억만 뷰 넘게 시청", 〈뉴시스〉, 2020년 1월 23일).

〈아무 노래〉 챌린지가 최초로 시작된 플랫폼은 바로 틱톡이다. 틱톡은 밈 문화의 대표 주자다. 15초의 짧은 숏폼 동영상을 주 콘텐츠로 한다. 챌린지라는 형태로 확산시키는 10대들에게 큰 인기를 끌고 있는 새로운 유형의 플랫폼이다. 한국에서는 이제서야 사람들이 주목하기 시작했지만 중국 내에서 더우인은 소셜미디어계의 왕좌인 웨이보를 넘볼 만큼 영향력이 커졌다.

코로나19 확진자가 정점을 찍었던 춘절 기간, 하루 평균 활성 유저 증가율이 가장 많은 분야도 이 숏비디오였다. 그중에서도 더우인의 성장세가 단연 1위였다(Quest Mobile-2020 中国互联网"战役"专题报告-增长策略研究报告).

더우인은 지방 방송들의 춘완(음력 12월 31일 저녁에 방영되는 국민 명절 프로그램) 방송을 송출했다. 홈콕족을 겨냥해 왕홍과 MCN이 제작한 엔터테이닝용 콘텐츠와 언론사의 신뢰성 있는 뉴스 콘텐츠, 유명 DJ와 함께한 클라우드 클럽, 박물관 투어 라이브 등 특별 기회 라이브, 더불어 극장을 방문할 수 없는 유저들을 위해 춘절 기대작이던 영화 〈지옹마囧妈〉를 무료 서비스해 유저들의 폭발적인 반응을 이끌어냈다.

영화, TV 프로그램을 포함한 PGC 콘텐츠, 뉴스, UGC_{User Generated Contents} 콘텐츠 모두 한 플랫폼에서 소비하게 했다. 더 나아가 여러 IT업계 셀럽을 초청해 커머스 라이브를 진행하는 등 더우인은 브랜딩적으로나 커머스적으로나 아주 훌륭한 마케팅 플랫폼으로 거듭났다. IT셀럽 루오용하오罗永浩의 커머스 라이브는 샤오미 펜, 마라롱샤, 샤오미 로봇 청소기 등의 물품을 팔았다. 3시간 만에 1.1억 위안의 매출을 달성하며 더우인 라이브 커머스 사상 최고의 매출 기록을 만들어냈다.

더우인, 틱톡과 유사한 플랫폼으로는 한때 한국에서도 '더빙' 콘텐츠로 반짝 인기를 얻었던 콰이가 있다.

IT셀럽 루오용하오의 더우인 라이브 성과 및 진행하는 모습

콰이와 틱톡은 모두 숏비디오 플랫폼이다. 틱톡의 주 사용자는 1·2선 도시에 거주하는 엘리트 집단이고, 콰이의 주 사용자는 3·4선 도시 시민들이다. 실제 구매까지 이뤄지는 효율적 측면에서는 콰이가 틱톡보다 더 좋다. 쇼핑에 무감각해진 1·2선 도시 거주자에 비해 이제 막 일정 소득 수준으로 올라선 3·4선 사람들이 쇼핑에 대한 관심도와 호응도가 더 높기 때문이다(卡斯数据-2020短视频内容营销趋势白皮).

틱톡은 한국의 코로나19 기간 동안 중국의 일부 전략을 시행했다. 유이즈, 엔조이커플 등 인기 인플루언서의 특별 기획 라이브를 진행했고, EBS의 일부 방송 내용을 서비스하는 등 엔터테이닝과 정보를 동시에 제공하는 전략을 취했다.

더우인은 코로나19 이전에도 이후에도 우리가 가장 눈여겨봐야 할 온라인 마케팅 플랫폼이다.

전 국민이 쇼호스트가 되는 그날까지: 타오바오 라이브

즈보다이후오直播带货: 라이브를 통해 효과적으로 제품을 판매하는 행위는 중국 온라인 마케팅의 꽃이다. 모든 마케팅의 궁극적인 목표는 제품을 파는 것이기 때문이다.

소개한 더우인을 포함해 수많은 플랫폼도 커머스 라이브를 진행하고 있지만, 즈보다이후오의 주무대는 타오바오 라이브다. 콘텐츠를 소비하다 제품에 호기심이 생겨 구매로까지 전환되는 과정보다 애초에 제품을 구매하러 온 소비자를 상대로 추가 정보를 제공해 구매로 전환시키는 것이 과정이 더 짧고 유저들의 목적성이 뚜렷하기 때문이다. 다시 말해 더우인의 유저는 콘텐츠를 소비하러 온 사람들이고, 타오바오 라이브의 유저는 애초부터 제품을 구매하러 온 사람들이다.

타오바오 라이브에는 단순히 콘텐츠 내에서 PPL을 해주는 일반 인플루언서보다 단 몇 분 만에 립스틱 수천 개를 완판시키는 타오바오 라이브 대표 주보主播, 쇼호스트 리쟈치李佳琦, Austin 같은 커머스형 인플루언서들이 활동하고 있어 판매로 전환하는 데 가장 좋은 플랫폼이다.

2019년 타오바오 라이브의 총 거래액GMV이 2,000억 위안을 돌파했다.

유명 쇼호스트 리쟈치의 타오바오 라이브 방송 모습

100만 명의 주보가 타오바오 라이브에서 방송을 시작했으며, 그중 GMV 가 1억 위안 이상인 쇼호스트는 177명이다. 2019년 말 기준 유저가 타오 바오 라이브에서 라이브 방송을 보는 시간은 35만 시간을 넘어섰으며, 매일 1시간 이상 타오바오 라이브 방송을 보는 유저가 전년 대비 40% 이 상 증가했다(新华网, 淘宝直播将中心放在中小主播身上).

〈2020 타오바오 라이브 신경제 보고서〉에 따르면, 2019년부터 라이 브 커머스는 폭발적으로 성장했다. 최근 3년 동안 라이브로 인한 구매 판매 건수가 150%의 속도로 성장하고 있다. 이는 전 세계에서 성장이 가장 빠른 온라인 거래 형태다(2020淘宝直播新经济报告).

라이브 커머스는 주로 뷰티와 패션 카테고리의 제품들을 다뤘으나 코로나19 기간 동안은 오프라인으로 주로 거래했던 부동산 거래, 차량 매매, 인테리어 제품을 라이브를 통해 판매했다. 부동산 매물을 온라 인, VR을 통해 소개하고 중개사가 화상으로 각종 서류와 증빙들을 보 여주고 나면 온라인을 통해 계약한다. 자동차도 라이브 방송을 통해 차 량의 세세한 부분까지 설명해주고, 시승일을 잡아 소비자의 집 앞으로 차량을 보내준다. 그 후 온라인을 통해 계약한다.

인테리어 시즌인 춘절 기간에 코로나19로 많은 사람이 가구와 인테리 어 관련 용품에 대한 소비가 억제돼 있었다. 그래서 라이브를 통해 가 구, 타일 등의 제품들을 판매했고 해당 제품들은 소비자와 가장 가까운 매장 또는 창고에서 소비자에게 배송되었다.

타오바오 라이브는 일정 조건을 만족해야 라이브 권한이 주어진다. 하지만 코로나19 기간에는 모든 브랜드에 라이브를 할 수 있도록 조건 을 완화해주었다. 농촌의 각종 농작물이 타오바오 라이브를 통해 삽시간에 완판되었다. 라이브 방송을 시작한 신규 브랜드의 증가율은 719%나 증가했다. 그중 오프라인 요식업 관련 라이브가 439% 성장했다. 이런 라이브 붐을 타고 라이브 진행자, 즉 쇼호스트에 대한 수요가 132% 증가했다. 라이브업 종사자의 월 평균 수익은 9,845위안이다. 높은 임금과 수요는 더 많은 리쟈치 같은 커머스형 인플루언서가 배출돼 중국 온라인 마케팅의 흐름은 더욱더 커머스 중심으로 발전할 것으로 예측한다. 타오바오 라이브는 2020년 500억 위안(약 8조 3,000억 원) 홍바오红包. 쿠폰 마케팅으로 '전 국민 쇼호스트全民主播 시대'를 열 것이라 공표했다. 2020년의 주 전략은 마이크로 쇼호스트 육성이다.

앞으로 타오바오 라이브에서 마이크로 인플루언서를 통한 커머스형 마케팅이 더욱 주목받을 것이다.

중국 Z세대들의 놀이터, 비리비리

비리비리는 젊은 문화 코드를 이해하지 못하면 가입조차 하지 못하는 동영상 겸 커뮤니티 플랫폼이다. 60분 안에 100문항을 맞춰야 하며 60점 이상이어야 정회원이 될 수 있다. 유저의 80% 이상이 Z세대이며 동영상과 라이브 방송이 주 콘텐츠 유형이다. 영상 위에 흐르는 자막인 탄막弹幕으로 소통하는 것이 비리비리의 특징이다.

애니메이션, 병맛 콘텐츠 등 덕후 콘텐츠들의 집결소이며 외국에서 유행하는 최신 트렌드는 비리비리로 가장 먼저 유입돼 타 플랫폼으로 확산된다. 한국에서 유행하고 있는 달고나커피 레시피 콘텐츠도 비리비

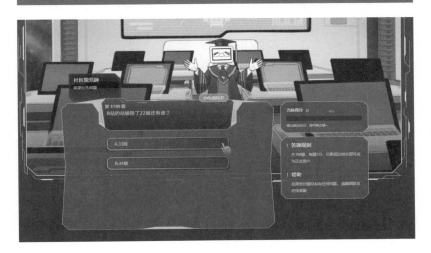

출처: 펑티모 비리비리 채널

罗翔说刑法 LV6 +关注

稿件：15　粉丝：443.3万

中国政法大学教授

利用特定地位性侵案件的
认定

2020-04-11

리에서 빠르게 퍼지고 있다.

비리비리의 영상에는 중간 광고가 없다. 2019년 Q4 실적 보고서에 따르면, 모바일 게임 수익 43%, 라이브 서비스 수익 28%, 전자상거래 14%, 광고 14%로 비리비리는 게임 개발과 라이브를 기반으로 한 이커머스 매출에 많은 에너지를 쏟고 있다.

코로나19 기간 동안 비리비리는 유명 대학의 온라인 수업과 회계, 법학 관련 수업을 무료로 서비스했다. '내가 나를 강간하면 죄일까?' '키우는 반려견이 사람을 물었을 때의 처벌' 등 호기심을 끄는 법적 사례를 소개하는 중국 정법대학 루오샹罗翔 교수의 형법 수업이 큰 인기를 얻었다.

해당 수업의 폭발적인 인기로 루오 교수는 비리비리에 정식 채널을 오픈했다. 채널은 순식간에 440만의 팔로워를 가진 메가 채널로 성장했다. 수업 내용도 재밌지만, 유저 간의 탄막 소통 내용이 해당 채널이 메가급으로 성장하는 데 일조했다.

비리비리는 2019년 '고양이 송'으로 스타덤에 오른 BJ 펑티모를 고액에 영입하고 코로나19 관련 다큐멘터리를 제작하는 등 '덕후' 콘텐츠 외 카테고리를 확장하고 있다.

최근 샤오미의 신제품 발표회 라이브를 진행하는 플랫폼으로 간택될 만큼 종합 플랫폼으로 성장하고 있다(新浪财经-B站再出圈B站再"出圈": 科技公司扎堆发布新品 成营销新阵地, 2020.4.2.).

앞으로의 트렌드를 이끌어갈 Z세대의 취향과 그들과의 소통 방법에 대해 가장 잘 파악할 수 있는 플랫폼이니 오늘부터라도 비리비리 정회원 고사 공부를 해볼 것을 추천한다.

50~60대가 새로운 유저군으로 진입

코로나19로 모든 산업이 온라인을 중심으로 재편되고 있다. 많은 산업이 온라인화되면서 온라인 마케팅의 역할이 점점 중요해지고 있지만 채널은 점점 많아지고 유저는 점점 더 어려워지고 있다.

중국 온라인 마케팅의 메인 플랫폼으로 꼽히는 열거한 플랫폼들은 라이브 기능의 강화를 통해 유저와 더 적극적인 소통을 유도하고 있다. 이 소통을 기반으로 공격적인 커머스 사업을 시도도 하고 있다. 이러한 시도는 코로나19로 인해 더 가속화되었으며 이 기간에 온라인과 거리가 멀었던 50~60대가 새로운 유저군으로 진입하고 젊은 세대의 문화적 문법을 익히게 되었다.

온라인 마케팅은 젊은 층만을 대상으로 하는 서비스가 아니다. 확대된 타겟팅 서비스를 제공해야 한다. 더우인이 15초 숏폼이 아닌 몇 시간짜리 영화를 발 빠르게 유입시킨 것처럼, 타오바오 라이브가 결단력 있게 라이브 권한을 전 브랜드에게 오픈한 것처럼, 비리비리가 덕후들을 상대로 법조인 콘텐츠를 생동맞게 내보인 것처럼, 누구도 생각지 못한 기획을 발 빠르고 결단력 있게 실행해야 하는 것은 포스트 코로나 시대에 마케터가 가져야 하는 자세다.

코로나19의 터널 끝에서
새로운 디지털 세상이 열리다

최헌규 | 고려대학교 영어교육과를 졸업하고, 베이징대학교 경제연수과정을 수료했으며, 서강대학교 중국대학원에서 석사과정을 마쳤다. 〈헤럴드경제〉와 종합 뉴스통신사 〈뉴스핌〉에서 기자로 활동했으며, 2005~2009년 〈헤럴드경제〉 베이징 특파원을 역임했다. 2013년부터 〈뉴스핌〉 중국 콘텐츠 제작 활동에 참여해왔으며, 2019년 〈뉴스핌〉 베이징 특파원으로 발령받아 중국 현지에서 취재 활동을 하고 있다. 저서로는 《차이나 키워드》《베이징 특파원, 중국경제를 말하다》 등이 있다.

코로나19 자가격리 주민 일상 상거래 판도 지각 변동

2020년 음력 설 연휴 직후인 1월 말부터 내가 거주하는 중국 베이징 차오양朝阳구 왕징望京의 아파트 옆집에서 밤낮없이 북과 드럼을 치며 엄청난 소음을 발생했다. 알고 보니 옆집 여주인이 더우인抖音. 틱톡에 '드럼 율동의 비밀'이라는 코너를 개설해 매일 4차례 2시간씩 생업으로 인터넷 유료 생방송을 진행하는 것이었다.

아파트 관리사무소 우예物业에 알아보니 코로나19로 영업장이 폐쇄되면서 밴드를 집에 옮겨와 거실에서 생방송 영업을 하는 것이었다. 위아래 주변 20여 가구 주민들이 한 달 가까이 항의하고 매일 동사무소(주민위원회)와 공안(경찰)에 민원을 넣고 법석을 피운 뒤 거의 한 달 만에야 문제가 해결됐다. 더우인은 중국의 인기 동영상 어플리케이션으로 중국판 유튜브이며 오락 정보, 전자상거래를 겸한 유명한 인터넷 플랫폼이다.

코로나19로 자가격리와 재택근무가 일상화하면서 중국 상거래 비즈니스 모델에 또 한

차례 지각 변동이 불어닥쳤다. 출근과 소비 풍속도가 달라지고 전 산업 전 국민 인터넷 생방송 시대가 활짝 열린 것이다. 2020년 설 연휴 후 업무 재개가 2월 10일로 정해졌지만 실제 출근과 개학이 어려워지면서 '윈푸궁云复工: 인터넷 원격 재택근무'이 일상화됐다. 증시에서는 상장 행사가 최초로 윈상장云上市: 인터넷 화상 상장 의식 행사로 대체됐다.

　문을 열 수도 없고 열어도 손님이 없는 상황에서 오프라인 식당과 상점들은 넋을 놓지 않고 재빨리 인터넷과 손을 잡았다. 일제히 인터넷 생방송 플랫폼으로 생계 터전을 옮긴 것이다. 사람들은 집 안에서 윈거우云购物. 인터넷 쇼핑로 필요한 물건을 사들였다. 그 결과 아파트 단지 출입문마다 배송 물건이 산더미처럼 쌓였다. 거리에 사람이 사라졌지만 14억 소비 경제는 쉬지 않고 작동을 했다는 얘기다.

　중국 인터넷 IT업계 전문가들은 인터넷 원격 재택근무인 '윈푸궁 시대' 조류 와중에서 상점과 물류 택배, 인터넷 전자상거래 플랫폼이 결합한 뉴비즈가 상업 거래의 새 모델이 됐다고 전했다. 이는 중국 경제가 코로나19의 집중 포화를 받았음에도 쉽게 무너지지 않는 이유이기도 하다. 전문가들은 코로나19로 추락하는 경제를 그나마 인터넷 무접촉 경제가 강력히 뒷받침하고 있는 셈이라고 말한다.

　코로나19로 인한 일상 변화에 따라 외식과 오락 서비스는 물론 오프라인 상점들까지 인터넷 생방송 플랫폼 안으로 들어왔다. 인터넷 가게들이 모인 인터넷 생방송 플랫폼은 거대한 만물상을 이루고 있다. 외식 수요의 상당 부문이 인터넷 생방송 왕훙 요리사의 몫이 됐다. 삼시 세끼는 물론 화장품·학원·자동차·아파트까지 인터넷에서 매매가 안 되는 게 없을 정도다.

　만물 백화상점 타오바오 인터넷 생방송 플랫폼에서는 모든 업무를 온라인에서 실행할 수 있다. 별도의 오프라인 점포가 필요없는 신업무 형태다. 타오바오 생방송 입주 화장품 가게들은 코로나19에도 판매가 2배나 껑충 뛰었다. 알리바바 타오바오 플랫폼에 따르면, 코로나19 확산세가 맹렬했던 2월에는 매일 3만 명이 타오바오에서 다양한 인터넷 가게를 오픈했다. 생방송으로 물건을 파는데, 분야만 해도 100종이 넘는다.

　'윈궁줘云工作. 인터넷 재택근무'의 전형으로 인터넷과 실물 상점이 융합해 코로나19에 짓눌린 도시 경제에 숨통을 틔우고 있는 것이다. 코로나19 기간 중 중국 생방송 전자상거래 경쟁 판도는 알리바바와 더우인, 콰이쇼우 3개 플랫폼 3강 구도로 펼쳐졌다. 징둥京东, 핀둬둬拼多多, 웨이핀후이唯品会, 수닝이거우苏宁易购 등의 플랫폼들도 인터넷 생방송 판매 분야에서 두각을 보이고 있는 업체들이다.

2019년이 인터넷 생방송(왕훙) 쇼핑몰 붐의 예열 기간이었다면 코로나19로 인해 2020년은 그 열기가 최고조에 달하는 한 해가 될 것 같다. 코로나19로 도시 아파트와 농촌 마을은 봉쇄되고 식당도 모두 셔터를 내렸다. 오프라인 서비스업체들은 일대 충격에 휩싸였다. 하지만 위기는 기회였다.

외식 체인 샤오롱칸小龙坎 훠궈(샤브샤브)는 매출 감소가 예년 대비 95%에 달했으나 전문 요리사를 앞세운 인터넷 생방송으로 간편식 훠궈 판매를 시작, 평소에 비해 12배가 넘는 매출 증가세를 기록했다. 샤오롱칸 훠궈는 생방송 영업을 통해 코로나19 피해가 정점에 달했던 2월 영업 손실분 상당 부분을 만회한 것으로 알려졌다.

콰이쇼우 전자상거래快手电商는 의류 등 오프라인 매장을 끌어들여 상당한 매출 수익

수닝이거우 클라우드점 모습

을 거뒀다. 아동복 브랜드 바라바라巴拉巴拉의 한 가맹점주는 2월 이후 콰이쇼우 인터넷 생방송 플랫폼 판매 영업을 시작, 하루 10시간 정도 방송으로 수만 위안의 매출을 올린 것으로 나타났다.

온라인 생방송 플랫폼과 오프라인 상가들의 협력은 코로나19를 계기로 엄청난 시너지를 창출할 것으로 보인다. 현재 생방송 플랫폼인 웨이신微信, 위챗 샤오청쉬는 오프라인 상가들에 대해 하루 내 인터넷 생방송 판매 플랫폼을 개통할 수 있도록 했다. 징시京喜 생방송도 2월 중순 인터넷 생방송 소매점을 개설해 상점들을 입점시켰다.

수닝이거우는 전문 왕훙과 특급 스타 점원을 기용해 인터넷 생방송으로 실시간 판매를 진행했다. 코로나19가 한창 기승을 부리던 2월, 코로나19 진원지 후베이성 황강시 인근 루이창瑞昌시 부시장이 징둥 생방송에 출연해 현지 특산물인 산마 판매를 진행했는데 3시간 만에 1만 2,000근을 완판해 생방송 판매의 위력을 실감케 했다.

2020년 코로나19로 중국 산업계에서는 인터넷 원격 재택근무인 윈푸궁 바람이 몰아쳤고 소비자들 사이에는 집 안에서 온라인으로 쇼핑을 하는 '윈거우' 붐이 일어났다. 식당·화장품·소매점·어장·전원 농장이 모두 생방송 쇼핑몰로 들어오고 전 업종 전 국민 생방송 시대가 자리 잡았다. 코로나19가 물러가도 인터넷 생방송 판매 영업은 향후 중국 소비 경제의 뉴비즈 모델로 굳어질 전망이다.

'마주하지 마 !' 비대면 '언택트' 경제 맹위

세기의 대재앙으로 불리는 코로나19로 중국 우한 봉쇄가 한창이던 2020년 2월 24일 중국 상하이증권거래소에서는 인터넷 플랫폼에서 상장 행사를 치르는 보기 드문 이벤트가 벌어졌다. 1991년 중국에 증권거래소가 설립된 이래 시행되는 최초의 인터넷 상장 행사다. 코로나19는 주민 일상과 경제 활동 다방면에 걸쳐 기존의 많은 관행을 급격히 바꿔놓았다.

코로나19로 인해 3개월 가까이 문을 닫았던 베이징 고궁 자금성은 4월 초 인터넷 생방송 투어를 했다. 매년 4월 광저우에서 치러지는 상반기 중국 무역박람회 광교회는 2020년 6월로 미뤄져 인터넷으로 치러진다. 인터넷 '광교회' 무역박람회는 63년의 역사상 처음 있는 일이다.

중국은 코로나19 확산세가 진정 국면에 접어든 3월 베이징과 우한시, WHO, 주요 관련 국가들 책임자들을 연결해 온라인 화상 회의 형식으로 코로나 퇴치 성공 비결 발표회를 열었다. IT 분야 전문가들은 코로나19를 계기로 중국에 향후 인터넷에 기반을 둔 신선 쇼핑몰과 교육, 의료, 원격 근무, 각종 회의 관련 산업이 빠르게 성장할 것으로 내다본다. 바야흐로 세상은 인터넷을 기반으로 온라인 무접촉 '언택트' 경제 시대로 한 발짝 성큼 다가서고 있다.

상하이증권거래소는 2월 24일 우한에 소재지를 둔 프리미엄 유통 소매 기업 양핀푸즈良品铺子의 상장 행사를 인터넷 화상 공간에서 진행했다. 평소 같으면 거래소의 넓은 홀에 많은 관계자가 모여 떠들썩하게 치러질 행사였다. 양핀푸즈 양훙춘杨红春 회장은 이날 온라인 화상 공간에서 치러진 상장 행사에서 회사 경쟁력과 영업 비전 등을 상세하게 소개했고 시장과 투자자들의 주목을 한 몸에 받았다.

인터넷 생방송으로 현장 행사와 똑같이 진행된 인터넷 화상 상장 행사에서는 기업 소개 외에 각 투자기관 대표들의 축하 인사도 오프라인 행사와 다름없이 진행됐다. 통상 거래소 홀에서 치러지는 타종 행사도 인터넷 모의 타종 행사로 시행됐다. 현장 참석자들은 함께 모여 오찬을 하는 것을 제외하고는 모든 절차를 평소 거래소 상장 행사와 똑같이 진행했다고 소개했다.

후베이성 우한시 연고 기업 양핀푸즈가 인터넷 상장 행사를 치른 날은 우한이 봉쇄(1월 23일)된 지 한 달째로, 비록 기세가 한풀 꺾이기는 했지만 코로나19 확산세가 여전히 우려를 키우던 시기였다. 중국 당국이 비대면 비접촉 등 사회적 거리 두기를 강조하던 시기이기도 했다.

거래소는 중국 당국의 방침에 적극적으로 호응, 양핀푸즈로부터 자료를 넘겨받아 인터넷 상장을 위한 온라인 생방송 제작 기획 등을 총괄적으로 준비했다. 당시 우한은 도시 전면 봉쇄로 경제가 완전히 붕괴될 직전의 상황이었는데도 우한 연고의 양핀푸즈는 인터넷 상장 행사를 치른 상장 당일 주가가 44%나 치솟아 관심을 끌었다. 이후 코로나19에 따른 경기 침체에도 양핀푸즈는 광고 마케팅을 활발하게 펼치고 있다. 우한 봉쇄가 해제된 4월 8일, 이 회사의 주가는 주당 60위안을 넘었다.

코로나19는 여행업이 전면 중단된 가운데 관광 레저 분야에서도 인터넷 투어 붐이 일어났다. 중국의 혼이라고 불리는 베이징 자금성은 코로나19 발생으로 2020년 설날인 1월 25일부터 문을 걸어 잠갔다가 생방송 형식의 인터넷 투어를 통해 두 달여 만에 일반에 모습을 공개했다. 자금성 고궁박물원 당국은 2020년 청명절 연휴 기간인 4월 5일과 6일 '고즈넉한 고궁, 봄날의 아름다움'이라는 타이틀로 2시간씩 3차례에 걸쳐 인터넷 관광을 진행했다. 고궁이 인터넷 생방송으로 일반에 개장한 것 역시 이번이 처음이다.

자금성 당국은 내외신 언론 매체에 코로나19에 따른 통제로 주민들의 도시 밖 출입이 여의치 않은데다 고궁 관람이 장기간 중단된 상황을 고려해 '청명절 소小 황금주' 연휴를 기해 현장 인터넷 생방송 관광을 기획했다고 소개했다. 인터넷 생방송 자금성 투어에 참석한 인원은 〈인민일보〉 플랫폼에서만 500만 명을 넘은 것으로 집계됐다.

코로나19가 발생한 2020년은 자금성이 건립된 지 600주년이 되는 해다. 고궁박물원이 발족한 지도 95주년이 되는 해다. 베이징 고궁이 코로나19로 인해 두 달여 동안 문을 열지 못한 것도 특별한 사례지만 첨단 디지털 기술을 동원해 자금성 최초로 인터넷 생방송 관광을 한 것도 매우 이례적인 일이다.

중국에서는 코로나19 이후 인터넷 생방송이 상품 판매뿐 아니라 주민 일상과 비즈니스 등 모든 경제 활동에 한층 깊숙이 침투할 것으로 예상한다. IT 디지털 분야 전문가들은 앞으로 관광 레저 영역에서 5G와 VR기술을 응용한 인터넷 생방송 관광이 더욱 보편화할 것으로 전망하고 있다.

이번 자금성 인터넷 생방송 투어는 1차로 4월 5일 오전 10시 오문午门에서 출발해 태화전太和殿 츠닝궁慈宁宫 코스, 2차는 오후 4시에 시작해 서화문西华门과 무영전武英殿 문화전文华殿 코스로 진행됐다. 3차 관광(4월 6일 오전 8시~오전 10시)에서는 오문과 삼대전三大殿 동육궁东六宫을 돌아봤다.

인터넷 생방송 투어는 현장감에서 실제 오프라인 관광에 비해 경쟁력이 떨어지지만 반대로 어떤 면에서는 오프라인에 비해 장점이 있다는 지적도 나온다. 자금성 인터넷 투어 가운데 4월 5일 현장 생방송 관광(오후 4시~6시)은 오후 5시에 문을 닫는 이 시간대 오프라인 관광객들이 볼 수 없는 장관, 고궁의 일몰 장면을 보여줬다고 자금성 관리 당국은 밝혔다.

코로나19를 계기로 국내 유통 관행의 변화는 물론 대외무역 분야에도 인터넷의 태풍이 강하게 몰아칠 것으로 예상한다. 63년 전통의 중국 최대 무역박람회 광교회产交会가 당장 인터넷 행사로 대체된다. 중국 당국은 4월에서 6월 말로 늦춰 개최하는 127회 광교회를 '인터넷' 무역박람회 행사로 치르기로 했다. 이에 따라 127회 인터넷 광교회는 상품의 인터넷 전시를 비롯해 첨단 정보기술 및 제품 시연, 전일 인터넷 홍보 마케팅, 온라인 수출 무역 상담회, 온라인 주문 영업 등 일체의 무역 비즈니스 활동을 인터넷 공간에서 진행한다.

중국 리커창 총리는 국무원 상무회의에서 2020년 처음 시도되는 인터넷 광교회와 함께 인터넷 교역 신업태가 향후 코로나19 경제위기를 극복하는 데 획기적인 역할을 하도록 뒷받침할 것이라고 밝혔다. 중국 당국은 이에 따라 국경 간 전자상거래 종합 실험 구도도 기존에 계획했던 59개 외에 46개를 추가 설립해 105개를 운영하기로 했다.

중국은 앞으로 국내 기업 간 거래와 대외무역 비즈니스의 훨씬 더 많은 부분을 인터넷 플랫폼에서 이뤄지게 하겠다는 구상을 내비쳤다. 앞으로 중국 국내외 무역 기업들은 이

63년 전통의 광교회도 인터넷을 통한 방식을 고려하고 있다

같은 트렌드 변화에 적응하지 않고서는 생존하기 힘들 것으로 보인다. 중국 경제 전문 매체 〈21세기경제보도〉에 따르면, 현재 많은 기업이 6월 '인터넷 광교회'에 대비해 온라인 생방송 등을 통해 회사와 브랜드를 소개하고 무역 거래를 추진하는 시스템을 구축하고 있다고 전했다.

무역 전문가들은 이와 관련해 온라인으로 개최되는 광교회는 그동안 수출에만 매달렸던 기업들이 수출과 내수 시장 전체를 아우르는 내외수 기업으로 변신하는 전환점이 될 것이라고 지적했다. 적지 않은 중국 기업들은 미국과 유럽 등 코로나 세계 확산에 따라 대외무역 형세가 악화하자 일부 수출 공급분을 인터넷 생방송을 통해 내수 판매로 돌리는 방안도 적극 강구하고 있다.

세계 최대 규모의 무역박람회인 중국 광교회가 인터넷 무역 교류 행사로 치러지는 것은 1957년 광교회 발족 이후 처음이다. 코로나19가 발생하기 전만 해도 중국 최대의 무역박람회 광교회는 중국 남부 수출 제조 도시 광저우에서 연간 2차례 오프라인 행사로 빠짐없이 개최돼왔다.

AI 5G 기반 경제 사회 디지털화 촉진

어우양르후이欧阳日晖 교수는 "코로나19가 지나간 이후 비즈니스 무대에서는 인터넷 쇼핑몰이 디지털 경제의 형성과 발전을 구동하는 핵심 엔진으로 떠오를 것이다. 2020년을 기점으로 빅데이터와 AI 응용, 5G 기술의 상용화가 가속화하고 경제 사회 전 분야에서 디지털화가 촉진될 전망이다"라고 말했다.

비대면 '언택트'가 코로나19 기간 중국인과 전체 중국 사회의 새로운 생활 규율이 됐다. 쇼핑 등 일상의 많은 것이 이전보다 훨씬 더 전면적으로 인터넷을 통해 이뤄지는 전환점이 된 것이다. 교육도 근무도 인터넷으로 수행하고 포럼과 세미나, 각종 회의가 모두 온라인으로 대체됐다. 당국은 사람들이 삼삼오오 모이는 것조차 통제했고, 이런 경향은 중국 국내 발생자 수가 거의 종식된 4월 중순까지 이어졌다.

중국의 인터넷 경제 분야 저명한 학자인 어우양르후이 교수에게서 4월 초 웨이신으로 포럼 초청장이 날아왔다. 제목은 '코로나19 기간 디지털 경제 분야 신사업 신업태 신모델 분석'이었다. 시의성도 있고 매우 흥미있는 주제여서 꼭 참석하고 싶었다. 어우양르후이 교수는 중앙재경대학 중국인터넷경제연구원 부원장으로 중국 디지털 경제 최고 권위자 중 한 명이다. 그의 연구 분야는 인터넷 신경제와 핀테크, 전자상거래다. 이상하게도 포럼 초청장에는 장소가 명시돼 있지 않았다. 전화로 장소를 묻자 인터넷 화상 형식의 포럼이라고 했다.

어우양 교수는 포럼 강연 자료를 보내줬다. 강연 자료를 받아본 뒤 전화와 소셜미디어를 통해 보충 설명을 들었다. 핵심 내용은 코로나19 기간 중 소비자 일상과 생산 경제 활동 속에서 온라인 신기술 응용이 어떻게 이뤄졌는지를 소개하고 코로나19 이후 중국 디지털 경제를 전망한 것이다.

어우양르후이 교수의 연구에 의하면, 코로나19는 교통·운수·소매·외식·관광·영화·오락·부동산 등에 걸쳐 경제에 막대한 피해를 초래했다. 코로나19가 입힌 경제 손실이 설 연휴 기간만 해도 3조 위안, GDP 총량의 3% 이상에 달할 것이란 전망이다. 중국 국내는 진정됐지만, 세계 확산으로 2·3차 산업이 충격에서 벗어나지 못하고 있다. 어우양 교수는 윈드WIND와 루스如是금융연구원을 인용해 코로나19가 경제에 끼친 영향을 설명한 뒤 코로나19 기간 중 디지털 신기술 응용으로 논점을 이어갔다.

중국의 디지털 경제 최고 권위자 어우양르후이 교수

"알리 연구소와 BCG에 따르면, 개인 인터넷 소비는 향후 5년간 매년 평균 21%의 속도로 증가할 전망이다. 중국 디지털 경제의 GDP 비중은 2018년 34.8%에 달했다. GDP 성장 기여율은 67.9%에 이르렀다". 어우양 교수는 중국 디지털 경제가 코로나19를 계기로 경제 전 부문에서 영향력을 대폭 확대할 전망이라고 강조했다.

코로나19로 인해 중국을 비롯해 글로벌 경제의 성장 후퇴는 불가피한 상황이나 중국의 경우 기존 '인터넷 플러스' 정책과 디지털 경제가 결합해 경제 성장을 강하게 견인해갈 것이라는 전망이다. 비대면 무접촉은 중국이 코로나 조기 방역 퇴치에 성공한 비결 중 하나로 그 과정에서 AI 응용 등 디지털 신기술이 결정적인 공헌을 했다. 코로나19 이후 '언택트 경제'가 활짝 꽃피울 것임을 시사하는 대목이다.

코로나19와의 전쟁 기간 중 AI 스마트 로봇이 눈부신 활약상을 펼쳤다. AI 배송 로봇은 바이러스 위험 지대를 종횡무진하며 택배 기사를 대신해 의료진과 환자의 의약품과 생필품을 운반했다. 운송 로봇은 접촉에 따른 감염 위험을 '0'으로 줄였다. 실제 화웨이 5G 무인차는 병원 격리 구역를 자유롭게 드나들며 약품과 의료 자재 등 각종 필요 물자와 인력을 실어 날랐다.

어우양 교수 인터넷 강연에 따르면, 푸두普渡과기의 '환러송' AI 로봇도 음식과 약품을 24시간 무접촉으로 배달하면서 대면 접촉에 따른 감염 위험을 줄였고 우한 병원 소독의 많은 부분을 AI 로봇이 수행했다. 감염 위험이 높은 의료 쓰레기 수거 처리도 로봇이 도맡아 처리했다. 로봇은 또 자동 촬영 진단 검사에도 유용하게 활용됐다. AI 스마트 로봇이 코로나19 방역 퇴치 전쟁에서 1등 공신 역할을 톡톡히 한 것이다.

디지털 신기술 가운데 무접촉 슈퍼마켓도 코로나 방역 퇴치에 일조하며 새로운 가능성을 선보였다. 중증 환자 치료 공간인 우한의 훠선산火神山과 레이선산雷神山 두 병원에 '중바이창추中百仓储'와 알리바바 산하 '타오센다淘鲜达'가 공동으로 무접촉 슈퍼를 개설했다. 이 무인 상점은 REX 플랫폼과 POS 기술 등 자동 결제 시스템으로 점원과 계산원 없이 운영돼 대면 접촉의 감염 위험을 원천적으로 차단하면서 감염 고위험 지역의 코로나 방역 퇴치 활동에 힘을 보탰다.

병원·기차역·공항 등 군중 밀집 지역에서는 5G 기반의 AI 체온 측정기가 사람을 대신해 코로나 방역 활동을 했다. 5G 기술 덕에 사람 간 접촉 없이 1~10m 이내에서 자동으로 체온을 측정할 수 있었다. 바이두의 AI 체온 검사 솔루션은 1분에 200명을 측정·통과시킬 수 있어 인원 밀집에 따른 체증과 이로 인한 감염 위험을 줄이는 데 도움이 됐다.

코로나19와의 전쟁 도중 무인기 드론은 공중 방역 퇴치 활동에 있어 필요한 활동을 수행했다. 5G와 AI 신기술의 집합체인 드론은 군중이 모이는 곳 상공에서 적외선으로 체온 측정을 하거나 군중 해산을 촉구하며 사회적 거리 두기를 계도했다. 이 밖에도 중국 물류회사 순펑順丰은 출입 엄금 특별 방역 구역에 대한 배송을 위해 드론을 띄웠다. 순펑은 코로나19 기간 눈에 띄는 성장세를 보였으며 증시에서도 큰 주목을 받았다. 다장大疆은 선전시 롱강 공단 60만㎡의 소독을 단 2시간 만에 해치웠다.

어우양 교수는 디지털 신기술 가운데 코로나19 기간에 가장 두각을 나타낸 분야로 인터넷 원격 의료 플랫폼을 꼽았다. AR/5G의 3차원 디지털 원격 회진 시스템이 위난성 쿤밍昆明 의과대학에서 가동됐다. 의사는 VR 안경만 착용하면 환자 폐부 속을 눈앞에서 관찰하듯 고화질의 선명한 화상을 들여다보며 진료를 도울 수 있었다.

화웨이는 우한의 훠선산병원에 원격 의료 플랫폼을 제공해 베이징과 상하이의 저명한 의사들이 훠선산병원 진료에 참석할 수 있도록 했다. 이는 환자 진단·치료 효율을 높이고 의료 인력 부족을 해소하는 데 큰 도움이 됐다. 화웨이 TE20 화상회의 단말기+5G CPE+스마트 스크린+화웨이 클라우드가 결합돼 이 같은 고화질 원격 진료를 가능케 한 것으로 전해진다.

AI 솔루션과 5G의 새로운 응용은 코로나19 예방 퇴치에 있어 놀라운 기능을 발휘하고 대단한 성과를 냈다. 알리다모阿里达摩병원의 AI 솔루션은 최신 진료 방법과 호흡기계 최고 전문의 중난산钟南山 원사 등 코로나 환자 임상 특징 논문 등을 집적해 연구 데이터 부족의 한계를 해결했다.

이에 기초한 5,000명 환자의 CT 촬영 샘플 통계는 코로나 퇴치에 유용한 자료가 됐다. 3~4시간이 걸리는 특정 환자 분석 과정을 30분으로 단축해 바이러스 변이 여부와 특징을 신속하게 파악할 수 있었다는 게 어우양 교수의 설명이다.

중국에서 코로나19 예방 퇴치는 온 국민이 힘을 모으고 의료진과 신기술의 놀라운 활약으로 이뤄낸 값진 승리다. 5G는 '전쟁 수행'에 필요한 대량의 데이터를 단시간 내 송수신할 수 있게 했다. 5G 기술은 체온 측정, 스마트 로봇, 인터넷 생방송에 채용돼 코로나와 싸웠다. 코로나 방역 퇴치 기간 중 5G 기술이 쓰이지 않은 곳이 없을 정도다.

인터넷 신기술 뉴비즈 신업태 백화제방

중국에서는 코로나19 확산으로 1월 말~2월 초 설 연휴가 끝난 후 출근이 정상화되지 않자 2월 첫 주에만 1,800개 기업에 걸쳐 3억 명의 직장인이 원격 사무실 SW를 이용해 근무를 이어갔다. 중국 선발 인터넷 IT기업 BAT의 일원인 바이두에 따르면, 2020년 1월 29일~2020년 3월 22일 기간 중에 원거리 업무, 인터넷 근무 관련 앱 사용 등이 급증한 것으로 나타났다.

중국에서 코로나19를 직접 겪고 취재한 입장에서 볼 때 훗날 코로나19를 되돌아보면 가장 인상에 남을 현상 중 하나는 인터넷 재택근무 관련 시장이 폭발적으로 성장한 대목일 것이다. 중국의 원격 근무는 2019년에도 530만 명에 달한다는 통계가 나와 있다.

이런 상황에서 코로나19가 엄습한 후에는 인터넷 근무가 기업 업무 수행의 주요 모델이 됐고 관련 시장이 말 그대로 폭발적인 성장세를 보였다. 딩딩釘釘, 텅쉰腾讯会议. 텐센트회의, 치예웨이신企业微信, 페이수飛书, 줌, 슬랙Slack 등이 경쟁적으로 재택근무 화상 회의 플랫폼을 무료 제공했다.

코로나19 기간 동영상 생방송 쇼핑몰은 일약 디지털 경제의 스타 중 스타 업종으로 떠올랐다. 숏미디어 인터넷 생방송은 전자상거래와 결합해 신소비의 새로운 트렌드를 제시하는 데 부족함이 없었다.

코로나19로 '격리된 사람들'은 알리바바, 더우인, 콰이쇼우, 핀둬둬拼多多 플랫폼에서 필요한 생필품을 구매했다. 더우인은 생방송 농산품 판매를 통해 코로나 기간 중 농촌의 농산물 적체를 해소하는 데 도움을 주기도 했다.

사람들은 인터넷 생방송 '뙨스핀短视频, 숏미디어'을 통해 영상 콘텐츠를 즐기고 다른 이들과 교류를 하면서 한편으로는 쇼핑 바구니에 상품을 담았다. 이는 전통 전자상거래에는 없던 신선한 체험이었다. 타오바오, 징둥 쇼핑몰 정도만 이용하던 나도 코로나19 기간 중에 더우인 생방송 플랫폼에 새로이 눈을 뜨고 메이퇀美团, 와이마이外卖. 식사 배달 서비스를 일상적으로 사용하게 됐다.

4월 중순까지 중국 주요 도시의 각급 학교가 개학을 하지 못하고 있었다. 하지만 학생들의 공부는 멈추지 않았다. 인터넷 교육은 코로나19 기간 중 '학교는 쉬어도 수업은 멈추지 않는다停课不停学'는 말 그대로 수업 시간의 공백을 메웠다.

통계에 따르면, 코로나19 발생 후 전국 300개 도시 60만 명의 교수가 알리 딩딩 생방송 플랫폼으로 수업을 진행했다. 2월 10일 기준으로 중국 전역 300여 개 도시 학교의 5,000만 명 학생이 '알리 딩딩' 온라인 학당에서 수업을 받았다.

인터넷 포탈 왕이网易 설문 조사에 따르면, 코로나19 기간 중 처음으로 인터넷 수강을 체험했다는 응답자가 21%에 달했다. 즈푸바오支付宝를 통해 온라인 교육을 이용한 고객은 1년 전에 비해 10배나 늘어났다. 코로나19 이후 학교나 학원이 정식으로 문을 열어도 인터넷 학습 붐은 계속 이어질 것이란 전망이다. 유료 콘텐츠 지식 공유 앱 시장도 새로운 확장기를 맞게 될 것으로 전문가들은 내다본다.

코로나19가 한창 기승을 부리던 2월 16일 중국 은보감회는 각 금융기관에 대해 코로나19 예방을 위해 비접촉(언택트) 금융 서비스를 강화하라고 지시했다. 비접촉 온라인 서비스는 저비용 고효율의 이점이 있다. 온라인 거래에 따른 리스크가 빅데이터와 클라우드 컴퓨팅을 통해 해소되면 코로나19 이후 비접촉 금융은 은행 업무의 새 관행으로 자리 잡을 것으로 예상된다.

코로나19 이후에는 인력 공유와 인터넷 채용, 원거리 의료 행위, 5G 등의 '신형 인프라 건설' 분야가 유망 신업태로 부상하면서 투자자들의 주목을 받게 될 것이다. 인력 공유에 있어 알리바바 산하 허마센성은 코로나19 확산세가 절정에 달했던 2월 3일 동종 업종 원하이야오 직원 500명을 임대한다고 밝혀 관심을 끈 바 있다.

2020년 상반기 중국은 코로나19로 874만 명의 예비 대학 졸업생이 개학을 하지 못한 채 취직 원서를 접수해야 하는 상황이 됐다. 학교 개학과 무관하게 사회 각 기관은 온라인 채용 플랫폼을 개설해 인력 채용에 적극 나섰고 취업 준비생들도 인터넷을 통한 구직 활동에 열을 올리고 있다. 인터넷 채용은 비용과 효율 면에서 이점이 있어 앞으로 점점 보편화할 것으로 보인다.

코로나19 기간 중 대다수 IT기업들이 인터넷 진료 플랫폼을 개설해 운영했다. 알리건강阿里健康, 징둥, 텅쉰, 웨이이微医, 딩샹위안丁香园, 신랑웨이보新浪微博, 하오다이푸好大夫 등이 대표적인 온라인 병원들이다. 중국 공업신식부(정보통신부) 자료에 따르면, 중국에는

191개 공립 병원과 100여 개 기업이 인터넷 병원으로 온라인 원격 진료 서비스를 제공하고 있다.

코로나19 뚫고 인터넷 채용 시장 활활

'비대면 무접촉 업무 수행, 원격 재택근무와 원격 의료, 원격 화상회의, 온라인 교육, 인터넷 영화 관람, 관람 및 입장권 인터넷 사전 예약, 온라인 기업 상장上場, 인터넷 생방송 마케팅…'.

2020년 1월 새해 벽두부터 4개월째 중국 대륙을 휩쓸고 있는 코로나19는 중국인들의 생활과 비즈니스 각 분야에 걸쳐 이루 헤아릴 수 없이 많은 변화를 가져왔다. 이 가운데 일과성 현상도 있지만 많은 경우 중국 경제 사회의 디지털 전환에 있어 코로나19 이후 새로운 조류를 형성할 것이란 전망이 나온다.

코로나19의 지루한 터널이 끝나가는 가운데 중국 대학 졸업 시즌 6월이 눈앞으로 다가왔다. 2020년 중국에서는 2019년보다 40만 명이나 많은 874만 명의 대학 졸업생, 즉 취업 준비생들이 캠퍼스를 나와 일자리를 찾아 나섰다. 하지만 아직 코로나19 재확산에 대한 우려 때문에 이리저리 몰려다니면서 원서를 내고 줄을 서서 면접을 하고 그럴 사정이 되지 못한다.

그렇다고 인력 자원이 필요한 기업들이나 900만 명에 가까운 취업 준비생들이 모두 넋 놓고 있을 수는 없는 노릇이다. 취업 준비생들은 수면 하, 즉 인터넷 공간에서는 어느 때보다 뜨거운 취업 경쟁을 펼쳤다. 2020년은 4월 중순이 넘도록 오프라인 채용 기업이 거의 눈에 띄지 않고 있다. 코로나19로 기업들의 채용 형태가 '면대면面对面'에서 온라인 비대면(스크린) 접촉 방식으로 바뀌었기 때문이다.

기업들은 인터넷상에다가 채용 공고를 띄우고 신입 사원 채용 설명회도 온라인 공간에서 한다. 이력서와 입사 지원서도 인터넷으로만 받는다. 통상 2번에 걸친 시험(면접)과 내부 평가 작업 역시 인터넷 스크린 공간에서 진행한다.

중국 당국은 6월 대학 졸업을 앞두고 3월 20일 '1,000만 명 인터넷 채용 100일 작전'이라는 프로젝트를 시작했다. 여기에는 온라인 비즈니스 플랫폼으로서 요즘 중국에서 가장 핫한 더우인과 즈푸바오 등이 참여했다.

더우인은 톈진 난카이南开대학을 비롯한 100개 대학 및 화웨이 징둥 등 중국 국내외 500대 기업 30개사와 손잡고 대졸 취업 준비생 채용(취업) 전문 코너를 운영하고 나섰다. 이를 통해 500회의 인터넷 채용 공동 설명회를 개최한다는 복안이다.

즈푸바오도 100만 명 인터넷 무접촉 채용 박람회를 기획해 개최하고 있다. 이 취업 중개 알선 활동에는 하이얼海尔, 핑안平安, 중궈롄통中国联通 등 6만 개 기업이 참여했다. 인터넷·신정보 산업·금융·교육 훈련·무역 등 10여 개 분야에서 수십만 명의 취업 활동을 지원할 예정이다.

코로나19 확산이 맹위를 떨쳤던 2월 24일 중국 증시(상하이 증시) 사상 처음 인터넷 상장을 진행해 눈길을 끈 우한시 소재 양핀푸즈는 인터넷 채용 형식으로 6,500명을 뽑겠다고 밝혀 전 사회적으로 다시 한 번 주목을 받았다.

양핀푸즈는 채용 공고와 원서 제출 1·2차 면접(인터넷 스크린) 평가, 연봉 상담, 고용 계약 등의 절차를 전부 인터넷으로 진행한다고 밝혔다. 공고 수일째인 3월 24일 벌써 2만 통에 가까운 원서가 온라인으로 접수됐다.

인터넷 채용 방식은 시공간 제약이 별로 없어 채용 기업이나 구직자 모두에게 충분한 기회를 제공할 수 있다는 것이 장점으로 꼽힌다. 양핀푸즈 관계자는 "인터넷 채용은 호텔 등 오프라인 면접 공간을 준비하는 것부터 필요 인원 동원 및 각종 비품 등 막대한 시간·경제 비용을 절감할 수 있다"고 밝혔다.

코로나19는 중국 경제 사회가 5G와 IoT 등 '신형 인프라 건설'의 바탕 아래에서 한 단계 더 깊숙이 디지털 경제 사회로 전환해가는 모멘텀이 되고 있다. 취업 시장의 비대면 인터넷 접촉 외에도 코로나19 기간 중 원격 재택근무가 크게 유행했다. 인터넷 생방송 마케팅, 인터넷 교육, AR 쇼핑, 무접촉 배송, 원격 의료가 낯설지 않은 현상이 됐다.

빅데이터, AI 원격 의료, 전자상거래, 모바일 결제 등은 중국의 코로나19 예방 퇴치와 경제 재건에도 큰 역할을 했다. 인터넷 디지털 경제는 앞으로 중국 성장을 견인하는 핵심 엔진이 될 전망이다. 국가발개위 첨단기술국 관계자는 3월 23일 내외신 기자 회견에서 "코로나19로 중국이 디지털 전환의 거대한 효과에 새로 눈뜨는 계기가 됐다"고 밝혔다.

집단지성으로 심층 분석한
글로벌 경제 패러다임

'구슬이 서 말이라도 꿰어야 보배'라는 말이 있다. 나는 중국자본시장 연구회에 같이하는 회원들은 한 분 한 분이 진주라는 생각을 갖고 있다. 금융은 물론이고 기업·법률·회계·언론 등 각 분야의 소중한 멤버들이 참여하는 이 모임에 회장을 맡고 있다는 것에 큰 자부심을 갖고 있다.

우리 모임에는 2가지 숙제가 있었다. 이 소중한 인적 자산을 어떻게 하면 우리 시대에 더 효율적으로 쓸 수 있는가와 더 알릴 수 있는가였다. 한 달에 1번 있는 정기 세미나나 별도로 열리는 행사들로만 우리 모임을 보여주기에는 참 소극적이었다.

그런 가운데 2020년이 왔다. 모임 자체적으로 좀 더 구조적인 틀을 고치려고 하는데 코로나19라는 미증유의 사건이 왔고 팬데믹까지 진행됐다. 우리가 연구하는 중국 시장의 변화에 더욱 주목할 수밖에 없었다.

코로나19로 하늘이 맑아지고 세상이 선명해진 것처럼 세계의 수준도 순식간에 드러났다. 2차 세계대전 이후 보건, 의료 선진국으로 생각했던 국가들이 오히려 위기에 더 빠르게 노출됐다.

질병의 위기였지만 정치·문화는 물론 국민의 의식까지 송두리째 볼 수 있었다. 이런 상황에서 중국자본시장연구회는 무엇을 할 것인가를 고민했다. 그 과정에서 우리 집단지성을 세상에 내보낼 수 있는 작업을 해보자는 데 의견이 모였다.

이후 원고 수렴 작업을 거쳐 《애프터 코로나 투자의 미래》라는 결과물을 내놓게 됐다. 우리 모임의 역량 가운데 얼마를 투입했다고 단언할수는 없지만, 그래도 각 분야에서 꼭 필요한 포스트 코로나 시대의 키워드들을 담기 위해 노력했다고 자부할 수 있다.

코로나 팬데믹의 영향은 2008년 세계 금융위기를 능가했고, 이후 다가올 흐름 역시 미증유의 사건이라는 데 이견을 다는 사람은 없다. 심지어 그리스도의 탄생에 비견해 BC_{Before Corona}, AC_{After Corona}라는 용어까지 나오고 있다. 이런 상황에서는 누구든 작은 힘이라도 보태는 게 선善이라고 생각한다. 중국자본시장연구회가 어렵사리 내놓은 《애프터 코로나 투자의 미래》도 그런 작은 역할을 해줄 수 있기를 기대한다.

우리 모임은 최근 페이스북_{www.facebook.com/zhongziyan2020}을 개설하고, 청년들을 특화한 '중자연 유스'를 만드는 등 발전을 위해 한층 힘쓰고 있다. 기존 세미나 활동을 넘어 활동 범위를 리서치·분석 보고서 작성, 경제·금융계 업무 협력, 국내외 투자 유치 자문, 청년층 교육 훈련, 중국 파트너 기관 협력 등으로 확장하고 있다.

코로나19는 결과적으로 언택트를 부르지만, 인간은 콘택트를 통해서만 존재 가치를 갖는 것도 현실이다. 많은 분이 중국자본시장연구회에 콘택트해주시길 바란다.

편집진을 대표해 중국자본시장연구회 회장 정유신

애프터코로나
투자의미래

1판 1쇄 발행 | 2020년 6월 23일
1판 1쇄 발행 | 2020년 6월 30일

지은이 유재훈, 정유신, 변웅재, 조용준, 김경환, 이벌찬, 임병익,
      고영화, 유호림, 조창완, 조평규, 조아요, 한송이, 최헌규
펴낸이 김기옥

경제경영팀장 모민원 기획 편집 변호이, 김광현
커뮤니케이션 플래너 박진모
경영지원 고광현, 임민진
제작 김형식

디자인 제이알컴
인쇄·제본 민언프린텍

펴낸곳 한스미디어(한즈미디어(주))
주소 121-839 서울특별시 마포구 양화로 11길 13(서교동, 강원빌딩 5층)
전화 02-707-0337 | 팩스 02-707-0198 | 홈페이지 www.hansmedia.com
출판신고번호 제 313-2003-227호 | 신고일자 2003년 6월 25일

ISBN 979-11-6007-499-4 13320